Holger Schlageter
Nach *burn* kommt *out*

Inhalt

Vorwort

Ich war ein vorbildlicher Student: lauter Einser, im zweiten Semester bereits die meisten Vordiplomprüfungen bestanden, alle Pflichtseminare absolviert.

Dazu hatte ich viele tolle Freunde. Jeden Abend Party, Kochen, Lachen, Spaß. Ehrenamtlich war ich in der Onkologie als Seelsorger beschäftigt und nebenbei machte ich Sozialarbeit mit Obdachlosen. Jeden Tag nahm ich mir eine Stunde Zeit zur Meditation. Und das seit drei Jahren.

Ich war so etwas wie ein Vorzeigestudent. Es waren sogar Leute stolz auf mich, die ich nur vom Hörensagen kannte. Wenn das so weitergehen würde, dachte ich damals, hätte ich schon nach sechs Semestern das Theologiestudium abgeschlossen. Oder, rückblickend betrachtet, das Zeitliche gesegnet ...

Zum Glück knallte mir das Schicksal einen Baseballschläger vors Hirn.

Ich hatte ihn nicht kommen sehen. Aber plötzlich waren alle Lichter aus. Es ging nichts mehr. Mitten in der letzten Vordiplomprüfung: „Was stand in der päpstlichen Bulle mit dem Titel ‚Unam Sanctam'?"

Keine Ahnung. Dabei hatte ich es gestern noch gelesen. Ich wusste, dass die Frage kommen würde. Aber jetzt ein totales Blackout. Keine Energie mehr nachzudenken. Gestammelte Antworten. Alle falsch. Keine Ahnung, was der Professor überhaupt gefragt hatte.

Der Überstudent war im Begriff, im freien Fall von seinem Sockel zu stürzen.

Völlig zerstört verließ ich das Prüfungszimmer. Durchgefallen. Kein Vordiplom. Eine Schande.

Was würden die Leute sagen? Meine Eltern?

Scham. Schuld. Endstation.

Zum Glück.

So konnte ich aussteigen.

Und ich selbst werden.

Jeder Burn-out ist gleichzeitig eine Chance. Eine Möglichkeit, das eigene Leben zu ändern, sodass es einem endlich guttut und nicht weiter Lebensenergie raubt. Viele Menschen führen ein energiearmes Leben. Und wohl auch wir selbst in unterschiedlichen Phasen. Mich hat der Burn-out im Studium erwischt und später noch einmal, als ich keine Arbeit fand. Und dann erneut im Berufsleben als selbstständiger Psychologe. Ich glaube also, ich weiß, wovon ich spreche. Und ich sage nicht, dass es nicht wieder passieren kann, denn dazu kenne ich mich selbst zu gut. Ich brenne leicht. Neues, gute Ideen und Projekte begeistern mich. Probleme setzen in mir unwillkürlich den Impuls in Gang, sie sofort zu lösen, und das schnell und effektiv. Damit gehöre ich zur größten Risikogruppe für Burn-out: den motivierten Leistungsträgern. Neudeutsch: High-Achievers.

High-Achievers, wörtlich „Hochleister", sind Menschen, die nur ganz schlecht still sitzen können. Sie haben Spaß daran, Aufgaben zu bewältigen. Dazu sind sie höchst selbstständig, initiativ, lösungsorientiert, zielstrebig und oft kreativ. Sie beherrschen die Kunst des Multitaskings, als wäre es ihre zweite Natur. Häufig sind solche Charaktere Selbstständige, Unternehmer oder Manager – wenn sie nicht Erziehende sind und einen Haushalt mit Kind(ern) schmeißen.

Unternehmen lieben solche Menschen als Führungskräfte. Personalabteilungen kennen sie unter Bezeichnungen wie „Innovative Unternehmertypen", „Die eierlegende Wollmilchsau" oder einfach nur „Macher". Toll für Umsatzentwicklung und den Erfolg – solange sie brennen. Aber wer hoch fliegt, kann auch tief fallen. Und wer ständig lodert, ist irgendwann ausgebrannt.

Aber bevor man auf dem Leistungshighway aus der Kurve fliegt, kann man immer noch vorher die Ausfahrt nehmen. Deshalb dieses Buch.

Holger Schlageter

. . . .

Am Anfang ein Ende

Heute ist er scheinbar nicht besonders gut drauf. Die Strategie-Sitzung läuft schon seit zwei Stunden, ohne dass Peter Fried auch nur ein einziges Wort gesagt hat. Seltsam, finden seine Kollegen, sonst ist er doch immer der absolute Macher. Fast alle Neuentwicklungen der vergangenen beiden Jahre hat er angeschoben. Überall ist er gewesen, hat die Dinge in die Hand genommen und das Notwendige getan. Jetzt wirkt er auf einmal so merkwürdig abwesend, so, als ob ihn das alles überhaupt nicht angeht.

Auch die lebhafte Diskussion findet komplett ohne ihn statt. Simon, der neben ihm sitzt, hat vergeblich versucht, ihn durch einen kleinen Scherz etwas aufzuheitern, aber nur einen stummen Blick geerntet.

Vielleicht ist Peter krank? Oder hat er tatsächlich private Probleme, wie überall erzählt wird? Neulich ging das Gerücht um, dass seine Frau vor einigen Wochen ausgezogen sein soll. Aber so etwas kann man ihn ja nicht fragen.

Es ist spät geworden. Als alle aufstehen und den Konferenzraum verlassen, sitzt Peter immer noch auf seinem Platz. Er ist überhaupt nicht mehr ansprechbar. Mit glasigem Blick starrt er auf die gegenüberliegende Wand und hat seine Arme vor der Brust verschränkt. Peter kann nicht mehr. Er ist völlig fertig. Leer. Ausgeknipst.

Als ihn wenig später zwei Sanitäter links und rechts am Arm hinausbegleiten, fährt den besorgten Kollegen der Schreck durch die Glieder.

Der Rest geht schnell zur Tagesordnung über. Mit der Genugtuung, nicht zu den Verlierern zu gehören.

Diesmal.

Die Geschichte
mit dem Drachen

Hinaus in die Welt

Siegfried. Schon als Knabe zeigte er sich stark und tapfer; dabei war er so schön von Angesicht und so schlank von Wuchs, dass jeder in ihm den zukünftigen Helden erkannte. Freilich bereitete er den Eltern auch viel Kummer und Verdruss, denn ungebärdig wie ein Füllen tobte er durch das Schloss. Auch zum Jüngling herangereift, blieb er über alle Maßen wild und stürmisch. Da rieten die Höflinge dem Herrscher, seinen Sohn in die weite Welt zu schicken, in Not und Gefahr würde er wohl Besonnenheit annehmen. Lang schon hatte Jung-Siegfried große Sehnsucht nach den Wundern und Abenteuern ferner Länder im Herzen getragen …

Mit nichts bepackt als mit überschäumender Kraft und kampfesfrohem Sinn zog er zum Tor der Burg Xanten hinaus …

Die Sehnsucht, sich zu behaupten

Siegertypen sind gefragt. Von Kindheit an wird uns eingetrichtert, dass wir nach Erfolg streben sollen. Schon die Kleinen werden dazu erzogen, sich anzustrengen, beim Wettlauf nicht die oder der Letzte zu sein. Das wäre doch das Letzte (lassen Sie sich das Wort „Loser" einmal auf der Zunge zergehen). Nur der Gewinner zählt. Auch beim kindlichen Spiel gilt es, sich zu behaupten. Und die, die es nicht so gut schaffen wie die anderen, werden ausgelacht. Schon früh zeigt sich daher unter Kindern und Jugendlichen, wer das Zeug zum Alphatierchen hat.

Auch in der Schule ist vom ersten bis zum letzten Tag unsere Leistung gefragt. Und die Einser-Schüler schauen auf die Schwächeren herab. Natürlich ist es gut, dass Kinder Ehrgeiz entwickeln. Er ist, zusammen mit der uns angeborenen Neugier, die Triebfeder für unsere Entwicklung. Aber es ist schlimm, wenn nur noch der Gewinner, die oder der Beste zählt und der Schwache überhaupt keine Chance bekommt. Es ist ein gesellschaftliches Phänomen unserer Zeit, dass „Verlierer" scheinbar keine Rolle spielen.

Ein Top-Manager eines internationalen Unternehmens, der Milliardenbeträge zu verantworten hat und für mehrere tausend Mitarbeiter verantwortlich ist, meinte einmal im Vertrauen zu mir: „Wenn hier einer merkt, dass ich müde bin, nicht weiterweiß oder ängstlich zögere, bin ich weg vom Fenster." Ein Mann, der von außen betrachtet das Alphatier schlechthin ist, traut sich nicht aufzuhören, permanente Stärke zu demonstrieren, weil er Angst hat, sonst sei alles zu Ende. Das Ausmalen solcher persönlichen Weltuntergangsszenarien ist in den Chefetagen unserer Erfolgsunternehmen keine Seltenheit. Und doch muss es so nicht sein.

In vielen von uns steckt die Sehnsucht, uns zu behaupten. Aufzubrechen, einfach loszuziehen, unser Leben in die Hand nehmen. So wie Siegfried es getan hat.

Man kann Schwächen aber auch eingestehen und dennoch Autorität aufbauen. Mehr noch: Wahre Stärke geht immer mit dem selbstverständlichen und völlig selbstbewussten Eingeständnis der eigenen Grenzen und Unzulänglichkeiten einher. Wirklich stark ist der, der authentisch sagen kann: „Ich kann das nicht", und sich danach weder schlecht fühlt noch Angst vor Ablehnung oder Ausschluss hat. Zu dieser Erkenntnis zu kommen bleibt für die meisten von uns eine Lebensaufgabe, und es ist es nie zu früh, diese Aufgabe in Angriff zu nehmen. Denn dabei geht es um eine gänzlich andere Form des Sich-Behauptens.

Wenn ich zurückschaue, dann spüre ich noch einmal die unwahrscheinliche Freude, die ich empfand, als ich zu Hause auszog und meine erste eigene Wohnstätte gestalten konnte. Nach dem Abitur war ich nach London gezogen, um dort als Volunteer Sozialarbeit mit Obdachlosen zu machen. Zwar gehörte mir nur eine Matratze in einem Neunerzimmer, aber ich konnte nun endlich nur noch das tun und lassen, was ich wollte. Dachte ich zumindest.

Klar, es kam zum Teil anders als gedacht, aber es war ein großes Abenteuer voller Freiheit.

Wenn ich heute in ein Land reise, das ich noch nicht kenne, geht es mir ähnlich. Alles ist neu, spannend, manchmal auch geheimnisvoll. Immer wieder liegt ein Zauber auf dem Unbekannten, eine Sehnsucht, Neues zu entdecken.

So oder so ähnlich muss sich auch Siegfried gefühlt haben, als er die schützende elterliche Burg verließ und auf eigene Faust loszog. Jetzt gab es keine Begrenzung mehr, alles schien möglich. Er nahm nichts mit, was ihn belasten könnte. Aber er ließ auch all das zurück, was ihn bislang beschützt hatte. Und um ein Haar wäre er gleich in die erste Falle getappt. Denn der erste Lehrmeister packte ihn bei seinem Stolz ...

Keine Angst …

*„Einen willigen Jungen kann ich wohl brauchen",
nickte beifällig der Waldmensch, „aber erst musst du
mir zeigen, ob du stark genug bist für einen Schmie-
delehrling."*

*„Nichts lieber als das", jauchzte der Königssohn, er-
griff einen Hammer und schmetterte ihn mit solch
übermenschlicher Kraft auf den Amboss, dass dieser
sich tief in den felsigen Grund bohrte, der Schlegel jedoch zu kleinen Stäubchen zersplitterte.*

*Obwohl der Meister über solche Stärke, die er noch
nie gesehen hatte, erschrak, durfte Siegfried bleiben. …
Wehe nur, wenn es die Gesellen gelüstete, den Jüngs-
ten zu sticheln, wie das in einer Werkstatt so Brauch
ist. Da schlug er mit wilden Fäusten drauflos und zer-
beulte die Übeltäter so, dass sie tagelang krank lagen.
Mit der Zeit wurde der Jüngling dem Meister immer
unheimlicher, und der gedachte, sich seiner zu ent-
ledigen. Er stellte das so an, dass er Siegfried um Holz-
kohlen ausschickte. In der Nähe des Meilers hauste
nämlich ein scheußlicher Drache.*

Stärke zeigen

Siegfried muss ein richtiges „Alphatierchen" gewesen sein. Gleich zu Beginn seiner Lehrzeit steckt er seinen Claim ab, haut richtig drauf, zeigt, was in ihm steckt. Mit übermenschlicher Kraft versenkt er den Amboss im Felsgrund. Damit ist klar, dass er den Job hat.

Die, die laut genug auf den Putz hauen, die lässt man in Ruhe. Und derjenige, der zurückweicht, der sich Schwäche anmerken lässt, schafft es nicht.

Wer sollte Siegfried jetzt noch entgegentreten und versuchen, ihn fertigzumachen? Einige versuchen es dennoch. Aber alle, die ihn angreifen, schlägt er in die Flucht. Schließlich bekommt sein Meister so viel Angst vor ihm, dass er ihn loswerden will.

Die Geschichte nimmt ihren Lauf.

Drachen!

*Siegfried nahm den Auftrag gerne an, denn längst schon war es ihm in der dumpfen Hütte zu eng geworden. Er härtete sich eigenhändig eine scharfe Waffe und rannte geradewegs in den tiefen Wald....
Ein scheußlicher Anblick bot sich ihm. Da wimmelte es von Seedrachen, die mit spitzer Zunge nach ihm schnappten, von Nattern, ellendicken Kröten, die eklen Speichel auf den Vorübergehenden schleuderten. Ohne sich lange zu besinnen, begann der junge Recke, auf das Gezücht einzuschlagen, und hieb einem Untier nach dem anderen den Kopf ab. Doch für jeden getöteten Wurm tauchte ein neuer aus der Schlammflut, und so legte er denn die Klinge fort, riss mit seinen mächtigen Armen große Bäume aus und warf sie über den Höllenkessel. Mit einem brennenden Holzscheit, das er sich vom nahen Köhler holte, setzte er den Stapel in Brand, und bald glich der Pfuhl einer lodernden Feueresse ...*

Den Drachen besiegen

Heute gibt es keinen Drachenpfuhl mehr, den wir niederbrennen müssen – höchstens im übertragenen Sinne … Aber das Gefühl, einen neuen Auftrag anzunehmen, einfach weil er eine echte Herausforderung darstellt, kenne ich gut. Und ich kenne viele andere, die es ebenfalls lieben, sich immer wieder in unüberschaubare Situationen zu begeben, um alles zu wagen. Voller Begeisterung treten wir eine neue Aufgabe an, weil das Gewohnte, die Routine irgendwie auch langweilig geworden ist und seinen Reiz verloren hat.

Und wenn es der Job nicht ist, ist es vielleicht das gewagte Freizeitabenteuer, vom Gleitschirmfliegen und Bungee-Jumping bis hin zum Wildwasser-Kajak-Trip, in das wir uns hineinstürzen, um uns selbst neu zu spüren. Andere schleppen sich, ohne Kondition und Training, im Urlaub auf den Kilimandscharo.

Das „Immer mehr und immer weiter"-Syndrom hat viele erfasst. Was heute noch genügt, ist morgen alt und (scheinbar) fad.

Man kann das Phänomen bedauern, einfach weil es den Genuss, den wir eigentlich empfinden könnten, schmälert oder ihm zumindest zeitliche Grenzen setzt. Aber es hat oft auch etwas Gutes, wenn es uns antreibt, neue Herausforderungen zu suchen und anzunehmen.

Oft gibt es gute, rationale Gründe, etwas Neues zu beginnen, manches Mal ist es einfach auch nur ein „Bauchgefühl": Die Sahnetorte schmeckt am dritten Tag in Folge nicht mehr so gut wie am Anfang. Ich kann die grüne Tapete einfach nicht mehr sehen und die Badezimmereinrichtung ist abgewohnt und muss endlich einmal ausgetauscht werden.

Und manch einer schleppt sich seit langer Zeit jeden Morgen mit dem Gefühl „Es muss im Leben mehr als das tägliche Einerlei geben" zur Arbeit. Oder man kann bestimmte Menschen einfach „nicht mehr riechen".

Wenn das Maß voll ist, fällt die Entscheidung zur Veränderung. Jeder kennt solche Gedanken.

Manchmal muss man sich die Zeit nehmen, um für sich einige wichtige Fragen zu klären:

- „Was macht mir Mut?"
- „Welche Gedanken motivieren mich?"
- „Welche Gedanken beruhigen mich?"
- „Was brauche ich, um zufrieden zu sein?"

Gewöhnung

Meine Großmutter drückte es so aus: „Der Mensch ist ein Gewohnheitstier." Wir gewöhnen uns an Situationen oder Umstände und nehmen sie dann als gegeben hin. Die Evolutionsbiologie meint dazu, der Mensch habe die Gabe, sich an äußere Umstände schnell anzupassen, um sich dadurch einen Überlebensvorteil zu verschaffen. Was zunächst neu und ungewohnt ist, also hohe Aufmerksamkeit benötigt und viel Stress verursacht, wird nach einiger Zeit als „normal" empfunden – Entspannung kann kommen, der Organismus wird weniger belastet, wir überleben und gedeihen wieder gut. Die Psychologie schließlich nennt diese Fähigkeit des Menschen „Habituation" und nutzt sie zur Therapie. Habituation ist, schlicht gesagt, die Gewöhnung an einen Reiz. Als Arzt oder Krankenpfleger muss man sich an den Anblick von Blut und Krankheit gewöhnen, sonst macht man den Job nicht lange. Man kann sich durchaus an vieles gewöhnen, indem man sich bewusst wieder und wieder einer Situation aussetzt. Irgendwann ist man damit vertraut, die ursprüngliche Reaktion (Ekel, Schreck) verringert sich von Mal zu Mal und bleibt schließlich aus. Die ursprünglich unwillkürliche Reaktion wird durch die Habituation unterdrückt.

Oder man merkt, dass es wirklich nicht geht. Wenn schon der bloße Gedanke daran Übelkeit verursacht, ist es definitiv nichts.

Tiere kann man regelrecht trainieren: Tiere, die normalerweise bei einem lauten Geräusch erschrecken, sich aufbäumen oder durchgehen, werden nach und nach durch die Wiederholung des Reizes daran gewöhnt, bis die Reaktion nicht mehr auftritt. So konfrontiert man zum Beispiel die Pferde, die beim Kölner Karnevalsumzug dabei sein sollen, schon lange

vorher mit lauter Musik und dem Knallen von Feuer-
werkskörpern, damit sie mit diesem Lärm vertraut
sind.

In der Verhaltenstherapie beim Menschen, zum
Beispiel bei der Behandlung von Angststörungen,
wird dieser Effekt ebenfalls genutzt. Man weiß, dass
sich eine Angstreaktion nur bis zu einem bestimmten Punkt aufbauen und nur eine begrenzte Zeit anhalten kann. Danach ist der Körper der Betroffenen
nicht mehr in der Lage, die starke Erregung weiter
aufrechtzuerhalten. Die Angst nimmt von selbst ab.
Wer es immer wieder schafft, so lange durchzuhalten,
bis dieser Punkt erreicht ist, lernt nach und nach, dass
seine übersteigerten Befürchtungen nicht eintreffen,
wenn er die Situation aushält („Ich habe auf dem
Turm gestanden und bin nicht abgestürzt").

Beklagen Sie sich also nie mehr über die Fähigkeit
Ihrer Psyche, sich an Gegebenheiten zu gewöhnen.
Auch wenn es oft so sein wird, dass die Erregung oder
der Genuss, den Sie am Anfang verspürt haben, beim
wiederholten Mal nicht mehr so intensiv sind, werden
Sie merken, wie viel Gutes in dieser Reaktion Ihrer
Psyche liegt. Wenn es nicht so wäre, hätten wir weit-
aus größere Probleme zu bewältigen.

Drachenblut

Während Siegfried vom Ufer das schaurige Schauspiel verfolgte, geschah es, dass der siedende Gischt ihm beim Aufwallen auf die Hand spritzte. Mit Erstaunen beobachtete er, wie die erkaltete Flüssigkeit zu einem dicken, hornartigen Stoff gerann. Er setzte die Spitze seines Schwertes daran, und siehe, sie vermochte ihn nicht zu zerspalten. Da durchzuckte ihn wie ein leuchtender Blitz der Gedanke, dieser Sud aus Sumpfwasser und gestocktem Drachenblut müsste, auf den Leib gebracht, ein Panzerhemd schaffen, so felsenhart, dass es dem schneidendsten Stahl Widerstand leisten würde.

Allsogleich schöpfte er mit der hohlen Hand aus der sich wieder abkühlenden Flut und ließ den zähen Brei über seinen Körper rieseln, bis ihm das zu langsam vonstatten ging und er kurz entschlossen in den Schlamm sprang. In diesem Augenblick fiel von dem überhängenden Zweig eines Lindenbaumes ein Blatt auf ihn nieder und haftete während des Bades an seiner Schulter. Diese Stelle konnte von dem Zaubersaft nicht benetzt werden, und an ihr blieb Siegfried verwundbar.

(Un-)Verwundbar sein

Unverwundbar zu sein, allen Verletzungen und Krankheiten trotzen zu können, das scheint auf den ersten Blick ein paradiesischer Zustand zu sein. Aber wir können es einfach nicht. Wir haben es nicht in der Hand und manchmal kommen wir nicht ohne Schaden davon. Unsere Gesundheit ist kostbar, immer gefährdet – und unser Leben ist endlich.

Natürlich wäre es nicht gut, den ganzen Tag ängstlich durch die Gegend zu laufen und das Schlimmste zu befürchten. Wenn wir ständig Angst vor dem Unvorhersehbaren hätten, würden manche überhaupt nicht mehr vor die Tür gehen. Aber es ist gut, sich immer wieder einmal klarzumachen, dass wir nicht unverwundbar sind.

Nicht jede Autofahrt endet mit einem Unfall. Aber wer Auto fährt, muss damit rechnen, dass etwas schiefgeht. Ein Moment der Unachtsamkeit reicht aus, damit es zu einem Unfall kommt.

Viele leben so, als gäbe es kein Morgen, als gäbe es keine Gefahr. Und wenn ich ehrlich bin – ich mache mir auch meist keine Gedanken.

Wir fühlen uns stark und unverwundbar. Nichts kann uns schrecken. Furcht lassen wir uns jedenfalls ungern anmerken. Immer tapfer voran! Aber wir alle kennen unsere wunde Stelle, die Stelle, an der wir dünnhäutig sind, an der wir verwundbar bleiben. Auch wenn die Situation eigentlich verfahren ist, sprechen wir uns selbst Mut zu: „Das muss gehen, das schaffe ich noch, da komme ich durch." Das gibt uns einerseits oft den Antrieb, es auch wirklich noch zu schaffen. Aber es vernebelt andererseits auch den Blick für die wirklichen Gefahren.

Und wenn wir mit Begeisterung bei einer Sache sind, ist das Risiko besonders hoch. Siegfried befand sich ebenfalls in einem rauschähnlichen Zustand, als er den Drachen besiegt hatte. Alles schien ihm möglich – und so übersah er das kleine Blatt auf seiner Schulter.

Der Traum vom ewigen Leben ist so alt wie die Menschheit selbst. Simone de Beauvoir lässt in ihrem Roman „Alle Menschen sind sterblich" den Protagonisten Fosca fast sieben Jahrhunderte durchleben. Ein Bettler hatte ihm in einer verzweifelten Situation – die mittelalterliche Stadt wurde gerade belagert – eine alte staubige Flasche mit einer grünlichen Flüssigkeit gereicht. Der Trank machte ihn unsterblich. Voller Schaffenskraft begann Fosca, seine Welt zu verändern, scheinbar konnte ihn nichts aufhalten. Doch nach und nach erkannte er die Tragweite dessen, was es heißt, am Ende immer „übrig zu sein". Nachdem er 20 Generationen überlebt hat, will er am Ende nur noch eines: sterben.

Der Tod des Helden

Der Legende nach geht die Geschichte mit Siegfried, dem Helden, leider nicht gut aus.

Zunächst scheint ihm alles zu gelingen. Wer sollte ihm auch etwas anhaben können? Schließlich kann keine Waffe den Panzer aus Drachenblut durchdringen. Unser Held ist (fast) unverwundbar. Bis auf die eine kleine Stelle, auf der beim Bad das Lindenblatt kleben blieb.

Am Ende wird er verraten. Hagen von Tronje rammt ihm, nachdem ihm Siegfrieds Frau Kriemhild die verwundbare Stelle mit einem Kreuz auf dem Waffenhemd markiert hat, einen Speer in den Leib.

Siegfried tritt als Held ab.

Er war sich seiner Sache so sicher, dass er seinem Mörder arglos den Rücken zuwandte.

Wie ist es bei mir? Kenne ich keine Furcht? Fühle ich mich unverwundbar? Wo ist meine wunde Stelle?

„Ich bin unverwundbar.“
Ein modernes Märchen

„Ich bin unverwundbar“ – das ist schlicht Unsinn. Siegfried, der Held, ist schon lange tot. Schluss mit den Märchen und Legenden.

Ich muss erkennen, dass alles, was ich unternehme, irgendwann an ein Ende kommen wird – ja, mehr noch, dass ich selbst endlich bin. Am Ende des Tages werde ich alt und krank sein. Oder ich werde vielleicht schon vorher schlicht nicht mehr können. Ich werde all meine Kraft verbraucht haben.

Das Umschlagmotiv dieses Buches gefällt mir als Sinnbild ausgesprochen gut. Der Drache hat sich ausgefaucht. Er hat einfach keine Puste mehr. Ein Auge ist schon etwas hervorgequollen. Er kann sich mühen, wie er will, es wird nichts. Er versucht, dabei stark auszusehen. An der Wand ist noch sein feuerspuckender Schatten zu sehen. Doch eigentlich ist er längst ein Schatten seiner selbst. Er glaubt vielleicht noch, dass alles so ist, wie es war, aber es geht nicht mehr.

Das ist Burn-out.

Solange ich mich anstrenge, solange ich mich abmühe, solange ich Höchstleistungen bringe, wird mir kaum jemand sagen, dass es vielleicht zu viel ist und dass es auch anders geht. Ich selbst am allerwenigsten. Schließlich leiste ich etwas, schließlich bin ich zu etwas nütze.

Spannend wird es aber, wenn ich nicht mehr kann.

Wie schwer es ist, sich das Erreichen und Übertreten der eigenen Grenzen einzugestehen, und wie heilsam es sein kann, es dennoch zu tun, berichtete mir Marco Hartmann, Manager in der Finanzabteilung eines internationalen Chemieunternehmens. Er gab mir die Erlaubnis zur Veröffentlichung seiner Geschichte, damit andere von seinen schmerzhaften Erfahrungen profitieren können: „Vielleicht hilft es, dass der eine oder andere den Ausgang früher findet als ich." Für ihn war es ein langer Weg, bis er erkannte, was wirklich wichtig ist:

Die Diagnose lautete „schwerer Hörsturz". Die Frage des HNO-Arztes, ob ich in letzter Zeit Stress gehabt hätte, verneinte ich. Im Krankenhaus ließ ich die letzten zwei Jahre Revue passieren. Arbeitswochen mit weniger als 70 Stunden waren eine Seltenheit. Mein Auto musste ich auf dem großen Betriebsparkplatz nie suchen, denn es war meist das letzte, das abends noch dort stand. Damals war ich stolz darauf. Was könnte man nicht alles erreichen, wenn alle Kollegen so „ranklotzen" würden wie ich? Die letzten beiden Tage vor dem Hörsturz endeten mal wieder nach Mitternacht. Die Genesung des Ohres dauerte länger als erwartet. Ich schwor mir, dieser Hörsturz sollte der erste und letzte sein. Leider blieb er es nicht.

Nur für kurze Zeit schaltete ich einen Gang zurück und danach hatte ich rasch mein altes Pensum wieder erreicht. Manchmal kam es mir beinah so vor, als hätte ich ein hyperaktives Äffchen in meinem Inneren, das ständig nach hundert Dingen gleichzeitig griff. Aber warum auch nicht: Mir ging es ja schließlich wieder gut.

Zwei Jahre später ließ sich meine Frau nach fünf Ehejahren von mir scheiden. Unsere Ehe existierte ja nur noch auf dem Papier.

Wie konnte mir so etwas nur passieren? Erst jetzt realisierte ich, dass sich meine Gedanken fast ausschließ-

lich um Job und Karriere drehten. Ich war schockiert. Es war Zeit für einen Neustart, einen klaren Schnitt, ein neues Leben.

Demonstrativ ließ ich mir die Haare kurz schneiden, zog in eine neue Wohnung, meldete mich in einem angesagten Fitnessclub an und begann mit dem Marathontraining. Ich arbeitete mir einen Trainingsplan aus. Das Ziel war der Frankfurt-Marathon und eine Laufzeit unter 3 Stunden und 15 Minuten. Halbe Sachen waren nie mein Ding. Entweder richtig oder gar nicht!

Vier Monate blieben mir noch. Von Woche zu Woche steigerte ich mein Pensum. Nach der Arbeit standen Intervalltraining, Halbmarathons und Krafttraining auf dem Programm. Oft kam ich erst nach Mitternacht vom Laufen nach Hause. Am Wochenende standen dann die langen Laufeinheiten zwischen 2 und 3 Stunden auf dem Programm. Erholung gönnte ich mir einmal in der Woche – sonntags in der Sauna. Meine Laufleistung verbesserte sich kontinuierlich, mein Körpergewicht purzelte. Im Job ging es nach einer kurzen „Schwächeperiode", die mit der Scheidung einherging, wieder aufwärts.

Drei Wochen vor dem Frankfurt-Marathon stand Bahntraining auf dem Programm. Doch beim Auslaufen verkrampften sich plötzlich meine Beine. Es fühlte sich an, als hätte man mir Zement in die Beine gegossen. Litt ich unter Mineralienmangel?

Der Marathon wurde schließlich zur Tortur. Eigentlich hätte ich nicht laufen dürfen, aber wofür hatte ich mich denn all die Wochen geschunden? Knapp unter vier Stunden brauchte ich, bis ich ins Ziel kam. Auf der Strecke musste ich aufgrund von Krämpfen mehrmals anhalten. Auf der Rückfahrt von Frankfurt wusste ich nicht, wie ich mich hinsetzen sollte, so stark waren die Schmerzen.

Die Mediziner und Physiotherapeuten, die ich daraufhin konsultierte, waren ratlos, denn eigentlich war ich ja gesund. Also versuchte ich es mit der Alternativmedizin. Aber alle Therapien waren erfolglos: Darmsanierung, Entgiftungen, Akupunktur und Osteopathie führten zeitweise zwar zu Linderungen, dennoch: Ausdauerläufe blieben eine Qual. Ein Jahr war vergangen. Der Lendenwirbelbereich war mittlerweile auch verkrampft. Mehr und mehr bekam ich bislang nie da gewesene Rückenprobleme.

Im Beruf entwickelte ich mich hingegen weiter. Ich wurde befördert und bekam eine satte Gehaltserhöhung.

Die neuen Aufgaben waren spannend und herausfordernd. Innerhalb von zwei Jahren betreute ich zwei internationale Großprojekte. Wieder arbeitete ich wie ein Besessener. Die langen Nächte häuften sich. Monatelang kam ich nicht vor Mitternacht nach Hause. Die Wochenenden waren meist auch beruflich verplant. Es fiel mir mittlerweile immer schwerer, mich von der Arbeit zu erholen.

Viel stärker als in den Vorjahren sehnte ich mich nach dem nächsten Urlaub. Leider schaffte ich es dort immer seltener, mich ausreichend zu erholen. Während ich in früheren Jahren immer Aktivurlaub machte, war ich mittlerweile durch meine muskulären Probleme eingeschränkt.

Immer öfter lebte ich in Gedanken in der Zukunft oder in der Vergangenheit. In der Zukunft sah ich mich als gesunden, aktiven Menschen mit mehr Zeit für mich, meine Partnerin, meine Familie und Freunde. Alles würde besser! In der Vergangenheit sah ich mich ohne große Verantwortung und Verpflichtungen mit unendlichen Freiheiten. Früher war ich ein Meister des Nichtstuns gewesen. Meine Eltern hatten das damals gehasst. Mittlerweile wünschten sie sich, dass ich mal wieder „herumlümmeln" würde. Ich hatte es verlernt.

Meine beiden beruflichen Projekte beendete ich währenddessen mit großem Erfolg und erhielt von allen Seiten Anerkennung. Anerkennung war mich sehr wichtig und der Antrieb meines Engagements. Privat hatte ich mich mehr und mehr abgekapselt. Meine Familie und Freunde sahen mich immer seltener. Meine wenige Freizeit verbrachte ich mit meiner Freundin und heutigen Ehefrau.

Mehr und mehr machte sich auch eine geistige Müdigkeit bemerkbar. In Gesprächen stand ich immer häufiger vor dem Problem, die richtigen Worte zu finden. Dann folgten Satzstellungsfehler, die mir selbst nicht bewusst waren, sondern Kollegen auffielen. Immer häufiger bekam ich Gedächtnisprobleme. Das Geldholen am Bankautomaten wurde zur Herausforderung. Anfänglich war es „nur" die Geheimzahl meiner EC-Karte, die mir nicht einfiel. Später vergaß ich, das Geld aus dem Automaten zu nehmen. An der Tankstelle wollte ich bezahlen, hatte aber noch nicht getankt, oder ich tankte und fuhr weg, ohne bezahlt zu haben. Es fiel mir erst auf, als mir das Foto der Videokamera von der Tankstelle zugesandt wurde.

Selbst das bis dato intuitive Krawattenbinden wurde zum Hindernis. Von heute auf morgen hatte ich einfach vergessen, wie man einen Knoten band, und benötigte Anleitung. Im Büro wurde ich immer ineffizienter und benötigte immer länger, selbst für einfache Aufgaben. Die Arbeitstage blieben daher lang.

Mein Schlaf verschlechterte sich zusehends. Nachts wachte ich in regelmäßigen Abständen auf. Die Wachphasen nutzte ich oft dafür, dass ich mir Notizen für den nächsten Tag machte. An den seltenen Tagen, an denen ich früher nach Hause fuhr, erwischte ich mich dabei, wie ich im Stau stand und auf andere Autofahrer wütend war: „Was macht ihr denn zu dieser Uhrzeit schon auf der Autobahn? Habt ihr denn keinen vernünftigen Job?"

Meine körperliche und geistige Müdigkeit nahmen zu. Ein weiterer Hörsturz folgte. Der HNO-Arzt, der mich bereits beim ersten Hörsturz behandelt hatte, verabschiedete mich nach der Genesung mit den Worten: „Ändern Sie Ihr Leben. Ich will Sie hier nicht noch einmal sehen!" Doch bald waren seine Worte wieder vergessen.

Meine Familie und meine Freundin machten sich immer größere Sorgen um mich und flehten mich förmlich an, endlich auf meinen Körper zu hören. Früher war ich höchst sensibel gewesen und hatte sehr auf meine Gesundheit geachtet. Wo waren diese Sensibilität und Achtsamkeit geblieben?

Doch erneut kehrte mein beruflicher Elan schnell wieder zurück.

Mein nächster Karriereschritt sollte ein mehrjähriger Auslandsaufenthalt werden. So hatte ich es mir vorgenommen, so kam es dann auch. Mit Frau und Kind ging es nach Paris. Da ich Frankreich liebte, erfüllte sich für mich ein Traum. Hier sollte sich alles zum Guten wenden. Ich wollte weniger arbeiten, meine Muskelprobleme sollten verschwinden, ich wollte wieder glücklich sein.

Doch es kam anders.

Meine geistige Aufnahmefähigkeit sank kontinuierlich. Ich verstand die einfachsten Sachverhalte nicht mehr. Das soeben Gelernte hatte ich am nächsten Morgen wieder vergessen. Ich musste immer häufiger nachfragen. Notizen machte ich mir immer seltener. Ich war nicht mehr in der Lage, die einfachsten Aufgaben zu bewältigen. Hinzu kam, dass ich meinen Tagesablauf nicht mehr in den Griff bekam. Ich kam häufig verspätet zu Besprechungen oder wartete ratlos in leeren Besprechungsräumen, nur um am Ende festzustellen, dass die Besprechung bereits am Vortag stattgefunden hatte. Ich fühlte mich zunehmend hilflos. Auch zu Hause war ich nicht mehr in der Lage, den Alltag zu bewältigen.

Auf dem Weg von der Wohnung in den Keller vergaß ich, was ich dort erledigen sollte. Ich konnte mittlerweile kaum noch schlafen und wurde immer anfälliger für Krankheiten. In Gesprächen war ich geistig meist abwesend oder sehr schnell gereizt. Für mein Umfeld wurde ich zur Last.

Wenn ich nachts nach Hause kam, fand ich vor dem Fernseher bei einer Flasche Wein meine letzte mir gebliebene Insel der Entspannung.

Innerhalb weniger Wochen erlitt ich dann mehrere Hörstürze. Die Therapien schlugen nicht an. Meine Blutwerte verschlechterten sich und mein Blutdruck stieg.

Erstmals in meinem Leben hatte ich Angst, Angst um ein eigenes Leben.

Früher war ich jahrelang nicht ein einziges Mal krank gewesen. Was war nur aus mir geworden? Am liebsten wäre ich vor allem davongelaufen. Ich wollte einfach nur noch meine Ruhe haben.

Als ich die Frage, ob das Leben noch lebenswert sei, für mich mit einem Nein beantwortete, musste etwas geschehen.

Gemeinsam mit meiner Frau beschloss ich, mein Leben grundlegend zu ändern; das Unternehmen unterstützte mich dabei. Man versetzte mich nach Deutschland zurück und gab mir ausreichend Zeit für meine Therapien.

Ich erinnere mich noch genau daran, wie ich mein Büro zum letzten Mal verließ. Soeben hatte man mich von allen beruflichen Verpflichtungen befreit. Ich spürte eine riesige Erleichterung. In dieser Nacht schlief ich zum ersten Mal seit Jahren wieder einigermaßen normal. In den folgenden sieben Monaten begab ich mich in verschiedene Therapien. Zuerst musste der Körper wieder genesen, dann sollte der Geist folgen. Anfänglich rebellierte mein Körper. Ein Kreislaufkollaps, wochenlange Infekte sowie ein erneuter Hörsturz legten mich lahm. Wochenlang war mir schlecht und schwindelig.

Doch von Woche zu Woche ging es mir allmählich besser, meine Zuversicht stieg. Die Therapien und die für mich ungewohnte Ruhe zeigten mehr und mehr ihre positive Wirkung. Meine Liste körperlicher Beschwerden wurde stetig kürzer. Ich absolvierte ein Achtsamkeitstraining bei einer Buddhistin und lernte, mich wieder auf das Hier und Jetzt einzulassen. Ich begann, mein Leben wieder selbst zu gestalten. Das Bewusstseinstraining fiel mir anfänglich sehr schwer. Bewusst zu atmen, zu essen, zu gehen hatte ich verlernt. Welch schönes Gefühl war es, wieder bewusst durch den Wald zu laufen, den Geruch des Waldes in sich aufzunehmen oder die Wurzeln unter den Füßen zu spüren. In den vergangenen Jahren war ich immer gelaufen, um ein Ziel zu erreichen. Jetzt war das Laufen selbst das Ziel. Eines Morgens kam ich nach einem einstündigen Lauf nach Hause und stellte fest, dass meine Muskulatur locker blieb. Zwei Tage später lief ich erneut. Es sollte mein Lauf der Befreiung werden. Sieben Jahre lang hatte ich darauf gewartet.

Langsam wurde der Alltag wieder zum Genuss. Ich konnte stundenlang im Café sitzen und lesen, ohne an gestern und morgen zu denken. Das hyperaktive innere Äffchen, das ständig nach Hunderten Dingen gleichzeitig griff, war verschwunden. Ich war wieder glücklich. Das Leben hatte mich zurück.

Eine eindrückliche Geschichte, die davon erzählt, wie Heilung geschehen kann.

Was war eigentlich passiert? Herr Hartmann nahm selbst lange nicht wahr oder wollte vielmehr nicht wahrhaben, wie sich die Dinge nach und nach für ihn verändert hatten. Sein innerer Anspruch, immer stark zu sein, immer alles geben zu müssen, fast übermenschliche Leistungen zu bringen, ein Held zu sein, war nicht mehr aufrechtzuerhalten. Er war am Ende. Und „der Tod des Helden" in seinem Innersten rettete ihn dann in mehrerlei Hinsicht.

Der Schweizer Psychoanalytiker C. G. Jung, der seine Theorien zunächst zusammen mit Sigmund Freud entwickelte, dann aber eigene Wege ging, hat den Begriff des „Archetypen" geprägt. Er stellte fest, dass er selbst und seine Patienten unter anderem durch innere Figuren angetrieben wurden, die er dann Archetypen nannte.

Da gibt es den Archetyp des Helden, den der weisen Frau/des weisen Mannes, den Richter und den Archetyp des Gottes, das Selbst. Um in seinem Bild zu bleiben, kann man sich unsere Psyche wie eine innere

Bühne vorstellen, auf der die einzelnen Archetypen als Akteure agieren. In einem seiner Bücher erzählt C. G. Jung von einem Traum, in dem es um den Tod des Helden geht. Er träumt, dass er im Morgengrauen mit einem Gewehr bewaffnet auf einem schmalen Pfad über einer Felsenstraße auf Siegfried wartet, um diesen umzubringen. Schon von Ferne hört er Siegfrieds Horn. Als schließlich gerade die Sonne aufgeht, erscheint der Held am Gipfel des Berges. Auf einem Pferdewagen aus Menschenknochen jagt Siegfried die Felsenstraße hinunter, ihm entgegen. Als er um die letzte Kurve biegt, schießt Jung mit dem Gewehr auf ihn. Er trifft, der Held fällt. Voller Ekel und Reue über seine Tat will C. G. Jung fliehen. Da beginnt es, in Strömen zu regnen. Ein schier unendlicher Regen ergießt sich und wäscht alle Spuren der Tat weg. Da weiß er, dass sein Leben weitergehen wird. Er erwacht mit einem Gefühl der Schuld.

C. G. Jung interpretierte seinen Traum als bewusstes Ende der Helden-Maxime „Wo ein Wille ist, ist auch ein Weg". Siegfried verstand er als Symbolfigur für die heldenhafte Vorstellung bzw. Illusion, dass man mit dem Willen alles schaffen könne. Ganz ähnlich sieht es oft in Menschen aus, die, ohne es wahrzunehmen, längst auf einen Burn-out zusteuern: „Wenn ich diese Sache nur entschlossen genug verfolge, schaffe ich das schon. Wo ein Wille ist, ist auch ein Weg."

Das sind Heldenfantasien, die mit der Realität manchmal, aber bei Weitem nicht immer etwas zu tun haben. Denn oft gibt es eben keinen Weg, auch wenn der Wille noch so stark und der Held wirklich tapfer ist. Dann ist es Zeit, den inneren Helden in uns zu töten.

C. G. Jung schreibt, der Traum habe ihm gezeigt, dass ihm die Einstellung, die Siegfried symbolisierte, nicht länger guttat. Deshalb musste Siegfried sterben.*

Für uns stellt sich vor diesem Hintergrund die Frage: „Welcher Held muss in mir sterben, damit ich den Holzweg meiner unbegrenzten Stärke verlasse?"

Ich wünsche gute Träume!

Halt: Noch drei Fragen möchte ich Ihnen mitgeben:

- Was macht Ihnen Angst in Leben und Tod?
- Wie soll Ihr letzter Tag aussehen?
- Was soll auf Ihrem Grabstein stehen?

Die drei Fragen sind zugegebenermaßen auf den ersten Blick eine Zumutung. Aber sie führen uns an einen wichtigen Punkt – die Sinnfrage. Was zählt wirklich in Ihrem Leben?

* Nachzulesen in C. G. Jung: „Erinnerungen, Träume, Gedanken".

Nach burn kommt out

Eben noch waren die Bedingungen geradezu ideal. Ich war selbst überrascht, wie gut es ging. Mithilfe eines Streichholzes stand gleich zu Beginn der kleine Reisighaufen in Flammen. Schnell einige dünnere Ästchen aufgelegt, dann dickere hinterher. Die Flammen griffen um sich, es funktionierte. Und pusten, pusten, pusten.

Dann passte ich einen Moment lang nicht auf. Das viele Holz, das ich über dem kleinen Flämmchen aufgehäuft hatte, schien erst zu brennen, dann erstickte es alles. Dass es feucht war oder vielmehr nass, hätte ich sehen können. Und der leichte Nieselregen hatte ein Übriges getan und dem Feuerchen den Rest gegeben.

Zuerst wollte ich es nicht wahrhaben. So eine Blamage. Aber vorschnell aufgeben ist nicht mein Ding, also mühte ich mich noch eine ganze Weile ab. Ich verdoppelte meine Anstrengungen, gab wirklich alles, pustete mir fast die Lunge aus dem Hals, bis grüne Bälle vor meinen Augen tanzten. Aber das Feuer war längst verloschen. Es war aus. Im Nachhinein erkannte ich, dass ich mir mehr Zeit hätte nehmen müssen.

Je leidenschaftlicher ich bei der Sache bin, je mehr ich mich für etwas engagiere, desto eher laufe ich Gefahr, den Abgrund nicht rechtzeitig zu sehen und zu bremsen.

Der Erfolg stellt sich ein. Die Endorphine – die Glückshormone – toben durch den Körper. Alles scheint perfekt zu funktionieren. Es läuft und läuft und läuft – herrlich – und scheinbar ohne Ende. Ich bin die Nabe des Rades, das sich dreht. Oder das Rädchen selbst.

Auf jeden Fall ein ganz wichtiger Teil des Ganzen. Unverzichtbar.

Während ich so dahinsause, kommt es mir so vor, als gehöre mir die ganze Welt und ich hätte alles im Griff.

Das kenne ich nur zu gut. Mehr als einmal ist es mir so gegangen. Voller Begeisterung stürze ich mich in neue Projekte, pflege zahlreiche Kontakte, reise kreuz und quer durchs Land, von einem Termin zum anderen. Ich werde gebraucht, spiele eine wesentliche Rolle, werde gerne eingeladen und gehört. Mein Rat ist „wichtig". Zum Thema „Burn-out" habe ich etwas zu sagen.

Halt! Jetzt fällt es mir wieder ein, warum dies so ist. Ich bin Spezialist. Sozusagen im Selbstversuch habe ich alles probiert, was geht. Einen richtigen Burn-out inklusive. Nein, eigentlich mehrere.

Da läuft doch nicht alles „ganz rund". Irgendwie bin ich zwischendurch etwas außer Puste geraten. Und dann stehe ich auch schon wieder mit einem Bein im Schlamassel. Die Angst zu versagen ist da. Es könnte ja jemand bemerken, dass ich eigentlich gar nichts weiß, sondern bloß viel studiert habe. Jetzt gilt es, das erlöschende Flämmchen noch einmal richtig anzufachen. Volle Kanne, alles, was geht! Das muss doch gehen. Das lief doch die ganze Zeit so gut. Das kann doch jetzt nicht schwächer werden …

Und so geht es vielen. Eine Projektleiterin aus der Baubranche erzählt:

Eigentlich konnte ich schon längst nicht mehr. Ich schlief nachts kaum noch durch, hatte einen Hörsturz hinter mir und neben meiner Laktoseintoleranz hatten sich Lebensmittelallergien entwickelt, die es mir mehr und mehr unmöglich machten, irgendetwas zu essen, das ich nicht selbst zubereitet hatte. An eine Beziehung war zeitmäßig gar nicht zu denken. Ich war froh, wenn ich es ab und zu zum Sport schaffte. Der einzige Vorteil war, so sah ich es damals, dass ich mit 37 Jahren so wenig wog wie an meinem 21. Geburtstag: 57 Kilo bei einer Größe von 1,75 m. Und auf der Arbeit flutschte es. Mein Chef hatte mir gerade ein neues Bauprojekt mit einem Riesenpotenzial angeboten, „weil Sie unsere beste Ingenieurin sind". Wenn das gut laufen würde, wäre ich reif für die nächste Managementstufe.

Ich überlegte ein Wochenende lang, ob ich mir das zutrauen würde und ob ich es schaffen könnte. Eigentlich, das war mir schon klar, müsste ich ablehnen und lieber ein wenig kürzer treten. Aber, seien wir doch mal ehrlich, dann wäre das auch das Ende meiner beruf-

lichen Laufbahn gewesen. Außerdem reizte mich die Herausforderung extrem. Das Team, mit dem ich arbeiten würde, bestand aus hoch motivierten Spezialisten, die ich von früher gut kannte. Tolle Leute. Also sagte ich am Montag laut und vernehmlich: „Ja!"

Dass das Management immer mehr unter wirtschaftlichen Druck geriet, der CEO Sparzwang ausübte, immer knappere Termine setzte und meine Überzeugung, dass Qualität nicht eben mal nebenbei und „schnell-schnell" produziert werden konnte, nicht teilte, und dass mir all das zwei Monate später meinen zweiten Burn-out-Zusammenbruch bescheren würde, ahnte ich an jenem Montag freilich noch nicht. Als es dann aber so weit war, hatten wir gerade ein Meeting abgeschlossen. Alle standen auf. Nur ich nicht. Ich konnte einfach nicht. Ich muss nur leer vor mich hingestarrt und auch auf direkte Ansprache nicht mehr reagiert haben. Erinnern kann ich mich nicht mehr daran. Meine Erinnerung setzt erst wieder ein, als ich im Krankenwagen lag und in die Klinik gebracht wurde. Nach einem medizinischen Check („Alles in Ordnung") wurde ich direkt in die psychiatrische Klinik – vorher von mir gerne „Irrenhaus" genannt – verlegt. Jetzt war auch ich eine der Irren. Eine Verliererin. Ganz unten. Die Folgezeit verbrachte ich damit, mich auszuschlafen und all meine kranken Vorstellungen von dem aufzuarbeiten, was ich nach Meinung meiner Eltern, meiner Chefs und sonstigen Meinungsmacher zu sein und leisten hatte.

Definition – Hintergründe

Burn-out ist keine Krankheit. Zumindest nicht nach dem „ICD-10", dem offiziellen „Krankheitsverzeichnis", das Mediziner und Psychiater benutzen, um ihre Diagnosen zu stellen.* In diesem Buch werden alle Krankheiten beschrieben, die offiziell von der WHO als Krankheiten definiert wurden. Da Burn-out nicht als Krankheit aufgeführt wird, gibt es demnach auch keine eindeutigen diagnostischen Kriterien. Wir bewegen uns also immer auf recht ungenauem und individuell anders empfundenem Gebiet, wenn ein Burn-out festgestellt wird. Allerdings gibt es schon klare Richtlinien. Burn-out ist unter dem Diagnoseschlüssel Z73.0 als „Ausgebranntsein" und „Zustand der totalen Erschöpfung" beschrieben. Damit ist das Phänomen sehr ernst zu nehmen. Im gesamten Abschnitt der Diagnoseziffer geht es generell um „Probleme mit Bezug auf Schwierigkeiten bei der Lebensbewältigung". Burn-out ist eine Zusatzdiagnose und damit schon mehr als „nur" ein Symptom. Es ist aber keine eigenständige Behandlungsdiagnose. Das bedeutet beispielsweise, dass man wegen Burn-out nicht in ein Krankenhaus eingeliefert werden kann. Burn-out kann aber beispielsweise eine Zusatzdiagnose einer klinischen Depression oder einer Zwangsstörung sein. Wiederholter Burn-out kann auch zu

* ICD steht für „International Statistical Classification of Diseases and Related Health Problems".

den weitaus gefährlicheren „großen Geschwistern" des Burn-out führen: Depression, Angststörung, Essstörungen, Zwangsstörungen, bis hin zum Suizid.

Vorsicht ist bei der Diagnose auf Burn-out auch deshalb geboten, weil „Müdigkeit" und „Erschöpfung" ein äußerst unspezifisches Symptom von sehr vielen körperlichen Erkrankungen sein können. Es kann sich etwa um einen bloßen Vitaminmangel handeln oder um Hormonschwankungen, Stoffwechselstörungen, falsche Ernährung, Schlafstörungen, Tumore, Entzündungen, Autoimmunkrankheiten, Leber- und Nierenprobleme usw. All das muss zunächst ausgeschlossen werden, um einen Burn-out seriöserweise diagnostizieren zu können.

Burn-out ist ein ernst zu nehmender, ein wichtiger Warnschuss der Psyche und des Körpers. Es wird klar: Wir müssen schleunigst etwas ändern. Aber unser derzeitiger Zustand ist noch lange nicht die Endstation. Nach einem Burn-out aus dem bisherigen Leben bewusst auszusteigen bedeutet, gerade noch (aber immerhin rechtzeitig) vor der noch größeren Katastrophe den Weg des Unheils zu verlassen. Insofern ist Burn-out immer auch eine Chance. Eine Chance für eine größere Erkenntnis, die Chance, rechtzeitig die vielleicht letzte Ausfahrt zu nehmen.

Ein Burn-out führt uns vor Augen, dass wir in der Vergangenheit immer wieder zu viel Energie abgegeben und zu wenig nachgeladen haben.

Ursachen

Die Ursachen für Burn-out sind vielfältig und meist eine Kombination aus mehreren Faktoren. Vor allem folgende drei Bereiche sind ausschlaggebend:

1. Persönlichkeit
2. Lebensstil
3. Arbeit

Sie merken mit Blick auf Ihr eigenes Leben sicher gleich, dass sich diese drei Bereiche kaum trennscharf voneinander abgrenzen lassen.

1. Persönlichkeit

Es gibt verschiedene Persönlichkeitsbilder, die den Weg zum Burn-out ebnen. Nehmen Sie sich die Zeit, und prüfen Sie ehrlich beim Lesen der folgenden Abschnitte, ob Ihnen bestimmte Verhaltensmuster bekannt vorkommen:

Höchstleister. „Immer schneller, immer mehr (als andere)." Das könnte über dem Leben von „Höchstleistern" stehen. Wann immer eine Aufgabe ansteht, wann immer es darum geht, komplexe Aufgaben zu übernehmen, sind sie zur Stelle. Sie sind das Rückgrat der Firmen, für die sie arbeiten, denn sie bringen Projekte wirklich voran; sie geben alles, damit es gut wird. Bei terminkritischen Arbeiten sind sie der

„rettende Engel", gerne bereit, auch einmal einen Feierabend zu opfern, eine Nacht durchzuarbeiten oder sogar auf ein Wochenende zu verzichten. Ohne ihre Bereitschaft, oftmals auch ehrenamtlich noch zusätzliche Aufgaben zu übernehmen, gäbe es viele Vereine und Verbände nicht mehr.

Perfektionisten. Neunundneunzig Prozent Leistung sind das Minimum. Perfektionisten geben sich erst zufrieden, wenn sie die (oft selbst gewählte) Zielvorgabe zumindest fast komplett erfüllt haben. Sie können das Werkstück erst zur Seite legen, wenn es ihren Qualitätsvorstellungen entspricht, einen Text erst abgeben, wenn er wirklich fehlerfrei ist. Sie proben das Musikstück so lange, bis kein einziger Ton mehr schief klingt. Und bei Ihnen ist es vielleicht das Gefühl, die Wohnung mehrfach täglich putzen zu müssen, damit sie wirklich sauber ist. Die Aufzählung ließe sich endlos fortsetzen, und ich überspitze natürlich manches bewusst, um es für Sie anschaulicher zu machen.

Pessimisten. Sicherlich kennen Sie auch jemanden, der immer schon vorher weiß, dass alles schiefgehen wird. Jemanden, der bei strahlend blauem Himmel schon die dunklen Wolken ahnt, die bald aufziehen werden. Jemanden, der oft glaubt, dass alles ein schlimmes Ende nehmen wird, auch wenn es momentan wirklich gut aussieht.

Pessimisten malen sich die Zukunft in düsteren Farben. Ihre immer aufs Neue formulierten, schlechten Prognosen, ihre finstere Sicht auf Menschen, Situationen und Gegebenheiten schaffen oft ein Klima permanent trüber Laune, das das Miteinander alles andere als einfach macht. Und auch die Pessimisten selbst nehmen Schaden an Seele und Körper.

Wer sich immer wieder vor Augen malt, das alles, was man gerade begonnen hat, scheitern wird, findet einfach kein Glück im Leben. Denn die düsteren Zukunftsaussichten werfen einen schwarzen Schatten auf unser Dasein. Die permanente Beschäftigung mit dem Scheitern gleicht einer sich selbst bewahrheitenden Prophezeiung: Wer davon überzeugt ist, dass es schiefgehen wird, scheitert deutlich häufiger als derjenige, der immer zuerst nach dem Guten sucht. Pessimisten sind deshalb Burn-out-gefährdet, weil sie ihre eigenen Möglichkeiten, eine Situation zum Guten zu wenden, negieren.

Kontrolleure. Ist auch das Richtige eingepackt worden? Alles noch einmal selbst lesen, alles abhaken, dabei kein Detail auslassen. Alles nachwiegen, alles nachmessen, alles nachprüfen. „Hier geht nichts raus, bevor ich es nicht freigegeben habe!"

Die Kontrolleuse oder der Kontrolleur – ein Typus, der in Deutschland und natürlich auch anderswo weit verbreitet ist und oft mit dem Perfektionisten Hand in Hand unterwegs ist.

Auch zu Hause gibt es viele Betätigungsfelder für den Kontrolleur. Ist im Kühlschrank alles ordentlich aufbewahrt? Lieber selbst noch einmal nachsehen, prüfen und gegebenenfalls verbessern. Mit dem Finger nach Staubresten auf Schränken suchen … Hat die oder der andere tatsächlich gründlich sauber gemacht oder wieder einmal gepfuscht?

Es klingt lustig, wenn ich das hier niederschreibe. Aber es ist eigentlich ein todernstes Thema. Für den Partner, für Freunde und Kollegen – und natürlich für den Kontrolleur selbst. Denn durch das permanente Prüfen und Klären kommt er, wenn überhaupt, nur mühsam ans Ziel. Fast alles nimmt er zweimal in die Hand – und traut sich manchmal selbst kaum. So viel er auch arbeitet, immer bleibt etwas übrig, das er noch nicht gesehen hat und das er eigentlich noch prüfen muss. So wird er und so werden dann auch die, die mit ihm unterwegs sind, kaum fertig. Soziale Kontakte, Freundschaften und Beziehung leiden unter dem Wahn und der Weg in den Burn-out ist vorgezeichnet. Denn das hält keiner auf Dauer aus.

Harmoniesucher. Diejenigen, die es allen recht machen wollen, weil sie sich nach Harmonie sehnen, diejenigen, die fast jedem Konflikt aus dem Weg gehen, sind oft sehr beliebte Menschen.

Aber tief in ihrem Inneren leiden sie – an sich selbst und an anderen. Das perfekte Miteinander gibt es einfach nicht. Wenn Menschen zusammen sind, geht es fast nie ohne Konflikte und Verletzungen ab. Und der alte Satz „Gut gemeint ist oft das Gegenteil von gut" trägt eine tiefe Wahrheit in sich.

Ein kleiner Ausflug in die Welt der Kommunikation: Heute will ich den kritischen Punkt zwischen uns endlich einmal ansprechen. Doch ich will Sie auch nicht verletzen. So packe ich meine Botschaft – das, was ich Ihnen eigentlich sagen will – in Watte. Lange überlege ich, wie ich beginnen soll. Doch als ich meinen Mund öffne, finde ich scheinbar nicht die richtigen Worte. Auf jeden Fall fühlen Sie sich verletzt. Und ich merke schmerzlich, dass meine Botschaft nicht ankommt. So formuliere ich weicher, umkreise das eigentliche Thema – doch wir kommen nicht zusammen. Der Kern meines Anliegens bleibt im Dunkeln. Meine Rücksicht führt letztlich dazu, dass wir nicht zusammenkommen und dass wir beide leiden.

Oder ich verzichte gleich auf ein klärendes Gespräch, sage lieber nichts, als wieder auf dünnes Eis zu geraten und einen Konflikt heraufzubeschwören.

Sich immer wieder selbst zurückzunehmen, zu verzichten, dem anderen den Vorrang zu geben, ist unheimlich anstrengend. Ständig muss man prüfen und abwägen, was einem harmonischen Miteinander im Wege stehen könnte. Das bindet eine Menge Lebensenergie.

Und auf lange Sicht kann es dazu führen, dass der Energietank, die Lebensenergie, die Kraft, die uns antreibt, irgendwann leer ist.

50

2. Lebensstil

Mit welchen Menschen bin ich gerne zusammen? Wie gestalte ich meine Zeit? Was unternehme ich? Was erfüllt mich – und was wird mir zu viel? Was belastet mich? Welche Situationen muss ich ertragen? Muss ich das? Das sind wesentliche Fragen, die ich mir von Zeit zu Zeit immer wieder stelle. Einfache Fragen, die zur Burn-out-Prophylaxe helfen können.

Dabei bin ich auf sechs typische Antreiber gestoßen, die den Weg in die Krise bahnen:

a. Nicht genug Zeit für Erholung und Beziehungen. Wer nur noch leistet, wer immer bereit ist zu geben, der braucht dringend Freiräume, der braucht Zeit zum Auftanken. Zeit, die nicht voll verplant, die vielleicht überhaupt nicht geplant ist. Doch viele haben leider auch in ihrer Freizeit das Gefühl, etwas auf die Beine stellen zu müssen. Sie bekommen einfach das Bild vom tapferen Helden nicht aus dem Kopf, der auszieht, um ... Na ja, Sie wissen, was ich meine. „Freizeitstress" ist selbstgemacht und etwas, das Sie wirklich vermeiden sollten. Darüber hinaus haben auch Menschen, die Beziehungen pflegen und die sich Zeit nehmen für gute Gespräche mit ihrer Partnerin oder ihrem Partner, mit Freunden und Bekannten, eine gute Basis, um Stürmen des Lebens entgegenzutreten. Sein eigenes Leben im Gespräch mit anderen gespiegelt zu sehen, kann neue Räume für ein tieferes Selbstverständnis schaffen und Selbstvertrauen geben.

b. Alle Erwartungen von allen erfüllen. Nehmen Sie sich ein paar Minuten Zeit und ein leeres Blatt. Schreiben Sie zunächst die Namen von Personen oder Organisationen auf, die Erwartungen an Sie haben. Das können Ihr Partner, Ihre Kinder, Ihre Eltern, Ihre Verwandten, Ihre Freunde und Ihre Bekannten sein, aber auch Ihr Arbeitgeber, Ihre Kollegen, Geschäftsfreunde, Vereine, Verbände … Schreiben Sie dann in einem zweiten Schritt die jeweiligen Erwartungen daneben. Ich vermute, bald wird ein Blatt nicht mehr ausreichen.

Drehen Sie das Blatt Papier dann einfach um, und notieren Sie auf der Rückseite, welche Erwartungen Sie momentan an Ihr Leben haben, was Ihr Leben ausmacht, das, was wirklich wesentlich ist. Jetzt dürfen Sie wieder die andere Seite anschauen. Streichen Sie nun alles, was Sie hindert, Ihre wahren Lebensziele zu verfolgen.

Sicherlich wird manches nicht machbar sein. Aber Sie werden wahrscheinlich erkennen können, was Sie daran hindert, wirklich lebendig und zufrieden zu sein.

c. Zu viel Verantwortung. Haben Sie das Blatt mit den Erwartungen noch? Nicht wegwerfen. Sie könnten es sich ja an den Spiegel kleben. Oder hängen Sie es eine Weile an die Kühlschranktür oder eine andere Stelle in Ihrer Wohnung, an der Sie häufig vorbeikommen.

Verantwortung zu übernehmen ist an und für sich etwas Gutes. Ohne Menschen, die Verantwortung für andere, für ihre Lieben, für gute Aktionen und Projekte tragen, kann unsere Gesellschaft nicht funktionieren. Ohne Verantwortungsgefühl würden Partnerschaften und Beziehungen zwangsläufig scheitern.

Aber zu viel Verantwortungsübernahme für andere kann uns den Blick auf die Verantwortung gegenüber uns selbst versperren. Dass sich diejenigen, die sich engagieren, dabei völlig erschöpfen, dass sie bei dem Versuch, allen Verantwortungen nachzukommen, ausbrennen, kann keine Option sein.

d. Nicht genug Unterstützung. Oft stehen wir im Leben vor großen Aufgaben, sei es bei der Erziehung unserer Kinder, der Pflege kranker Menschen, dem Führen eines riesigen Haushaltes oder einer beruflichen Aufgabe, die wir nicht oder nicht mehr erfüllen können. Sich neuen Aufgaben prinzipiell erst einmal zu stellen ist gut. Wenn wir aber merken, dass die eigenen Kräfte nicht ausreichen, müssen wir rechtzeitig versuchen, uns Unterstützung zu suchen. Zugegeben: Das ist leichter geschrieben als umgesetzt. Mir ist bewusst, dass sich manche Situationen kaum oder nur sehr schwer ändern lassen. Aber was hilft es, wenn Sie tapfer durchhalten und irgendwann überhaupt nicht mehr können? Spätestens dann muss eine neue Lösung gefunden werden.

Eine permanente Überforderung wird dazu führen, dass unser Körper irgendwann von hundert auf null herunterfährt und komplett streikt. Besser ist es, vorher zu handeln.

e. Nicht genug Schlaf. Wenn in unserem Leben viel los ist, wenn wir sehr viele Aufgaben zu bewältigen haben, neigen wir dazu, manchmal bis in die Nacht hinein zu arbeiten. Das geht eine Weile lang gut, aber irgendwann ist der Tank leer. Wir brauchen ausreichend Schlaf, um neue Kraft zu schöpfen.

Wer vor lauter Sorgen um das Morgen die halbe Nacht wach liegt, wer morgens um vier wach wird, weil ihm die drängenden Themen aus Familie oder Firma nicht aus dem Kopf gehen, muss aufpassen, dass er sich nicht selbst im Strudel der Ereignisse verliert.

Auch bei mir gibt es Zeiten, in denen ich einfach schlecht schlafe, weil mein Zettel gut gefüllt ist. Dann weiß ich, dass ich jetzt besonders auf mich aufpassen muss – und schalte einen Gang zurück.

Schlaflosigkeit führt in die Erschöpfung. Der Körper und auch unsere Seele brauchen den Schlaf zur Erholung.

f. Zu wenige enge, unterstützende Beziehungen. Wer viel arbeitet, wer sich über alle Maßen engagiert, neigt oft dazu, Beziehungen nicht wirklich zu pflegen.

Morgens geht es früh aus dem Haus, der Tag ist gefüllt mit Aufgaben und Projekten. Abends kommt man müde nach Hause, die Energie reicht nur noch für das Allernötigste. Gespräche drehen sich um die drängenden Themen des Alltags, Absprachen werden getroffen, aber gute, tiefgehende Gespräche finden nicht statt. Der Freundeskreis wird anlässlich von Geburtstagen kontaktiert – aber das reicht nicht, um „dran" zu bleiben.

Und auch auf der Arbeit bleibt es meist bei oberflächlichen Begegnungen. Obwohl man fünf Tage die Woche zusammen ist, weiß man dennoch wenig bis nichts voneinander.

Eine Weile lang kann man auch durchaus so leben.

Aber auf Dauer ist das Gift. Gift für die Beziehung zum Partner, Gift für Freundschaften, Gift für die eigene Seele. Denn wir brauchen die Nähe eines oder mehrerer vertrauter Menschen, um ein glückliches Leben führen zu können – und um gesund zu bleiben. Wir brauchen den Austausch mit Menschen, denen wir vertrauen können, die sich Zeit für uns und unsere Sorgen nehmen. Wir brauchen das anerkennende Lächeln eines Gegenübers, die wohlwollende, Mut machende Ansprache, wenn es einmal nicht so gut läuft. Und wir brauchen vor allem in Zeiten, in denen wir nicht stark sind, in denen es uns schlecht geht, ein tröstendes Wort.

Umgekehrt gilt das natürlich auch für die, mit denen wir unterwegs sind. Ein gutes Netz aus einigen wenigen engen Beziehungen ist die beste Absicherung gegen einen Burn-out.

3. Arbeit

Berufstätige Menschen verbringen einen Großteil ihrer Lebenszeit auf der und mit der Arbeit.

Manche haben das Glück, sich ihren Beruf und ihre Arbeitsstelle selbst aussuchen zu können. Sie beschäftigen sich dann hoffentlich mit dem, was ihnen wirklich Freude macht. Andere sind auf Umwegen an die Stelle gekommen, an der sie tätig sind. Viele Frauen engagieren sich neben einem fordernden Beruf auch noch für ihre Kinder und ihre Familie. Andere haben sich entschieden, ihren früheren Beruf aufzugeben und wegen ihrer Familie zu Hause zu bleiben, um sich ganz ihren Kindern widmen zu können.

Gleichgültig, was Sie tun und wo Sie es tun: Ihre Ideale und die Realität sollten nicht zu weit auseinanderklaffen. Denn auch mit Blick auf die Arbeit, der wir nachgehen, gilt, dass es viele Faktoren gibt, die einen negativen Einfluss auf unsere seelische und körperliche Gesundheit haben. Ich will die wichtigsten nennen:

Zu wenig Entscheidungsgewalt und Gestaltungsmöglichkeiten. Wer immer gesagt bekommt, was er zu tun und zu lassen hat, wer wenig oder nichts selbst entscheiden darf, stumpft nach und nach ab. Denn dadurch, dass ständig andere bestimmen, was und wie wir arbeiten oder wie wir agieren sollen, schwindet unser Selbstbewusstsein. Wir verlieren das Gefühl für das, was wir selbst zu leisten im Stande sind. Und so werden wir letztlich unzufrieden mit uns selbst.

Wir brauchen Freiräume, um uns entfalten zu können. Und wir brauchen vor allem auch die Möglichkeit, Dinge, die nicht funktionieren, zu ändern.

Wer in einem System arbeitet, das ihm keine Gestaltungsmöglichkeiten eröffnet, wer permanent mit den Arbeitsbedingungen unzufrieden ist, ohne diese ändern zu können, wird irgendwann krank.

Burn-out trifft nicht nur „Höchstleister". Burn-out trifft auch diejenigen, die keinen Spielraum zum Handeln haben.

Mangel an Wertschätzung und Lob. Wertschätzung ist der Motor jeder guten Beziehung und hilft uns auch, uns weiterzuentwickeln. In jedem von uns steckt die Sehnsucht, anerkannt und geliebt zu werden. Der Dank für eine gute Leistung, ein gutes Wort zu Beginn eines neuen Tages – all das schenkt uns Flügel im Einerlei des Alltags.

Wer keine Wertschätzung für sein Handeln erfährt, verliert die Freude an der Arbeit und schließlich vielleicht auch die Freude am Leben. Das gilt für die Hausfrau, die sich täglich darum müht, Wohnung und Kleidung in Ordnung zu halten und für ihre Familie zu sorgen, genauso wie für den Arbeiter oder den Angestellten im Betrieb. Wenn es scheinbar niemanden interessiert, was ich leiste, oder wenn ich im Gegenteil nur dann eine Rückmeldung bekomme, wenn etwas *nicht* funktioniert hat, dauert es nicht lange, bis ich demotiviert bin.

Wer keinen Sinn in seiner Arbeit sieht, weil er nie eine positive Rückmeldung bekommt, läuft Gefahr auszubrennen.

Unklare oder überfordernde Erwartungen. Wer nicht weiß, wohin er gehen soll, kommt niemals an. Es sind oft die unausgesprochenen, unklaren Erwartungen, die uns unter Druck setzen. „Mein Partner erwartet sicher, dass es bei uns immer perfekt sauber und ordentlich sein muss. Aber das kann ich niemals schaffen. Ich arbeite ja selbst jeden Tag bis 16 Uhr. In den zwei Stunden, die mir zur Verfügung stehen, bevor er nach Hause kommt, kann ich den Haushalt eigentlich nie richtig bewältigen." Zum einen haben die beiden Lebenspartner aus diesem Beispiel wahrscheinlich nie richtig darüber gesprochen, welche Erwartungen sie aneinander haben – zum anderen ist es vermutlich auch gar nicht realistisch, dass man neben einem 40-Stunden-Job noch genügend Zeit und Energie hat, um die anfallende Hausarbeit allein perfekt zu erledigen.

Unausgesprochene Erwartungen und Befürchtungen sind große Antreiber. Und wer ihnen nachgibt und mehr leistet, als er auf Dauer geben kann, gerät unweigerlich immer tiefer in eine Spirale aus Erschöpfung und Überforderung.

Dauerhaft monotone oder stark unterfordernde Arbeit („Bore-out"). Es sind nicht nur Arbeiter in der Fabrik, die immer die gleichen Handgriffe an einem Werkstück auszuführen haben. Auch verwaltungslastige Büroarbeit kann zum einen stark monotone Züge haben und zum anderen den Mitarbeiter intellektuell permanent unterfordern. Arbeitsmediziner haben die Problematik schon vor längerer Zeit erkannt und viele Unternehmen sorgen deshalb mit einem Mitarbeiter-Rotationssystem dafür, dass Angestellte immer wieder in neuen Arbeitsfeldern Entwicklungsmöglichkeiten geboten werden.

Für manche ist das natürlich auch Stress – andere empfinden jedoch dadurch, dass sie sich immer wieder neuen Herausforderungen stellen und sich neue Wissensgebiete erschließen können, Glück und Erfüllung.

Chaotisches oder zu stressiges Arbeitsumfeld. Beispielhaft kann man hier eine schlecht organisierte Station in einem Altersheim anführen. Niemand weiß wirklich Bescheid, ständig wechseln die Aushilfen, es gibt viel zu wenig Personal für viel zu viele Patienten. Für den einzelnen Bewohner bleibt so wenig Zeit, dass die Mitarbeiter ständig das Gefühl haben, ihrer Aufgabe nicht gerecht zu werden. Und wenn sie sich doch einmal mehr Zeit als vorgesehen für die Betreuung eines Einzelnen nehmen, müssen sie anschließend umso mehr hetzen. Auch Unternehmen, die keine geregelten Arbeitsabläufe schaffen und den Vorlauf von komplexen Projekten dem Zufall überlassen, sorgen dafür, dass einzelne Mitarbeiter immer stärker verunsichert und gestresst werden.

Werfen Sie doch einmal einen kritischen Blick in Ihren Alltag und Ihr Berufsleben. Wenn mehr als drei der in diesem Kapitel genannten Faktoren bei Ihnen stark ausgeprägt sind, befinden Sie sich vielleicht schon auf dem Weg zum Burn-out. Zeit, etwas zu verändern!

An diesem Punkt möchte ich Ihnen einige Fragen mit auf den Weg geben:

- Was macht Sie stark?
- Was macht Sie schwach?
- Was raubt Ihnen Ihre Energie?
- Was fehlt Ihnen zum Glücklichsein?
- Ab wann ist genug genug?

Phasen des Burn-out

1. Warnsymptome der Anfangsphase

Wie merke ich eigentlich, dass ich auf dem besten Weg zu einem Burn-out bin? In der Anfangsphase nehmen wir die Symptome meist kaum wahr. Insbesondere das Gefühl der Begeisterung und der Enthusiasmus, mit dem wir bei der Sache sind, sprechen eine andere Sprache. Sie locken uns immer weiter und verhindern, dass wir fühlen, wie es wirklich um uns steht. So ignorieren wir, wie erschöpft wir eigentlich sind.

Phasen des Burn-out

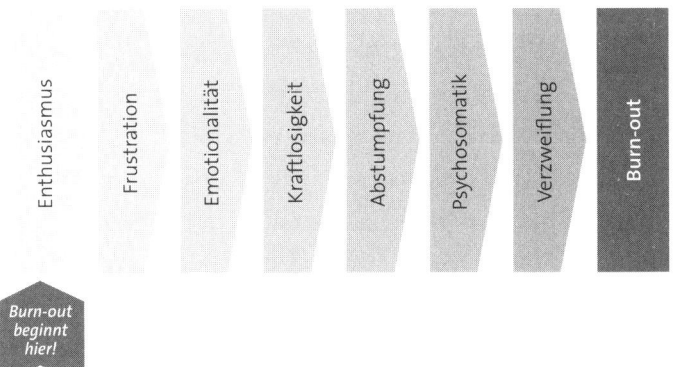

Für die meisten ist es eine Überraschung zu hören, dass ein Burn-out bereits beim Enthusiasmus beginnt. Erstaunlich ist das nicht. Nur wer richtig brennt, kann auch ausbrennen. Es gilt daher schon in dieser ersten Phase des Burn-out darauf zu achten, dass uns Engagement und Begeisterung nicht immer weiter und weiter treiben und uns dazu verführen, uns völlig zu verausgaben. Eine Mutter oder ein Vater kann aus Begeisterung genauso die eigene Erschöpfung übergehen wie ein Top-Manager, ein Lehrer, eine Krankenschwester, ein Handwerker oder eine Unternehmerin.

Grenzen und vielleicht sogar bewusst angesetzte Ruhepausen sind sinnvoll und notwendig – auch wenn wir die Erschöpfung in dieser ersten Phase noch gar nicht spüren. Es reicht nicht, auf unser Gefühl zu vertrauen. Wir müssen lernen, dass es Bedürfnisse gibt, die wir nicht wahrnehmen. Das ist ein wenig wie trinken, ohne Durst zu haben – wir sollten dies tun, weil wir wissen, dass es unserem Körper guttut.

In der Phase des Enthusiasmus' sind wir so von Adrenalin vollgepumpt, dass wir gar nicht bemerken, wie wir die Akkus unserer Psyche und unseres Körpers ständig überstrapazieren. Wir fahren dann quasi immer im roten Drehzahlbereich. Bei einem Auto wissen wir, dass das am Ende zwangsläufig zum Motorschaden führt. Bei uns selbst ist es uns oft nicht bewusst. Denn es fühlt sich ja super an! Wir erleben einen echten Höhenflug. Probleme werden gelöst, Aufgaben schnell abgearbeitet, sehr viel auf einmal erledigt. Unsere Umwelt findet das klasse und überhäuft uns oft mit Komplimenten, was uns noch weiter antreibt, nicht nachzulassen.

Nennen Sie mir einen Chef, der solche Mitarbeiter nicht gerne hat: Leute, denen man Aufgaben überträgt, die sie schnell, engagiert und mit großem Erfolg abarbeiten! Unternehmen suchen auf dem Arbeitsmarkt gezielt nach solchen Personen. Am liebsten haben wir Höchstleister, die die Arbeit auch wirklich machen und gewaltige Mengen „wegschaffen". Aber wer ständig versucht, 150 % zu geben, gibt de facto ständig 100 %. Und das macht kein Akku lange mit.

Eine Kindergartenleiterin berichtet:

Eine neue Erzieherin kam einmal in der zweiten Mo-natswoche zu mir und berichtete freudestrahlend: „Ich bin schon fertig mit allen Aufgaben, die Sie mir für diesen Monat übertragen haben. Hier sind die Stun-denpläne, die Entwürfe für den neuen Spielplatz, die Pflanzlisten, Preise verschiedener Anbieter, die Essens-pläne und die Entwürfe für mehrere Flyer, die wir für die Öffentlichkeitsarbeit einsetzen können. Jetzt warte ich auf neue Aufgaben. Was soll ich tun?"

Eigentlich hätte ich die Gute direkt nach Hause schi-cken sollen, aber ich muss gestehen, ich fand das toll. Und es gab ja noch genug zu tun. Also verließ sie mit einem weiteren Arbeitspaket mein Büro. Nachdem meine eigene Begeisterung über die Delegationsmög-lichkeit abgeebbt war, setzten aber meine Bedenken ein. Ich vereinbarte ein Mitarbeitergespräch und gab der überengagierten Mitarbeiterin ein wohlwollendes, aber klares Feedback, in dem ich unter anderem mit ihr ver-einbarte, dass Pausen eingehalten, Arbeitszeiten nicht nennenswert überzogen, keine Arbeit mit nach Hause genommen und generell die Arbeit von ihr „langsamer gemacht" werden sollte. Gerade im Umgang mit Kin-dern können wir uns keine gestressten Mitarbeiter leis-ten. Stress sorgt dafür, dass wir genervt und aggressiv sind. Das ist tödlich für gute Pädagogik. Danach kam die Mitarbeiterin nie mehr in mein Büro, um mehr Arbeit zu fordern. In der Folge war sie wesentlich ent-spannter, wirkte weniger fahrig und getrieben, behielt in Krisensituationen besser die Nerven und fand auch *wesentlich höhere Akzeptanz bei ihren Kollegen, die den anfänglichen Heißsporn eher kritisch beäugt hatten. Ich war froh, dass ich das zugegebenermaßen mir eher unangenehme Gespräch mit ihr geführt hatte. Ich will nicht wissen, wohin das sonst geführt hätte.*

2. Frustration und als Folge reduziertes Engagement

Menschen, die etwas können und hoch engagiert sind, machen nicht selten die Erfahrung, dass die Umwelt, das Unternehmen, der Partner oder die Anvertrauten sich nicht halb so schnell bewegen lassen, wie sie selbst es als notwendig erkannt haben. Auch kommt es häufig vor, dass man genau das Richtige will und sehr wohl erkannt hat, was getan werden muss. Aber die Mächtigen treffen einfach nicht die nötigen Entscheidungen. Oder machen es – wider besseren Rat – anders. Weil sie ihre eigenen Agenden verfolgen. Das führt dann gerade bei Hochleistern zu Frustration. Wenn diese Frustration wiederholt auftritt oder besonders schwerwiegend ist, tut die Psyche das, wozu sie da ist: Sie passt sich an und stellt das – mehr schlechte als rechte – Überleben sicher. Und wie überlebt man am besten im Frust? Indem man sich von vornherein keine großen Hoffnungen mehr macht. Dann wird man hinterher auch nicht so stark enttäuscht. Die Psyche ist da so berechenbar wie eine mathematische Gleichung. Auf Frust folgt entweder erhöhte Aktion (Veränderung) oder reduziertes Engagement. Das ist die Mathematik der Seele. Wenn auf der Arbeit oder in der Partnerbeziehung zu viel Frust herrscht, sucht man sich entweder eine neue Stelle oder eine Affäre (erhöhte Aktion) oder man resigniert und macht Dienst nach Vorschrift bzw. zieht sich innerlich zurück (reduziertes Engagement). Innerlich oder äußerlich kündigen wir auf jeden Fall.

Andrea B. war seit 25 Jahren in einem Unternehmen tätig, das Bordverpflegung für Fluggesellschaften produziert. Seit 10 Jahren arbeitete sie in leitender Funktion. Ging ihre Karriere zu Beginn noch steil nach oben, hatte sich in den letzten Jahren in puncto Beförderung rein gar nichts mehr getan. Erst hatte sie einen Chef, der niemanden förderte. Dann war Einstellungs- und Beförderungsstopp. Danach kam ein neuer Chef, der sie nicht mochte, weil sie als Mutter zweier Grundschulkinder das Büro nicht erst nach 20 Uhr verlassen wollte.

Ihr heutiger Chef hatte sie nun zum Gespräch geladen und folgenden Monolog gehalten: „Frau B., Sie sind eine geschätzte Mitarbeiterin und Sie erfüllen Ihre Aufgaben zu meiner vollsten Zufriedenheit. Aber für die nächsthöhere Ebene brauchen wir Führungspersönlichkeiten, die Initiative, Kampfgeist und Biss haben. Menschen, die sich gut verkaufen können und Power ausstrahlen. Ich sage es Ihnen ganz ehrlich: Zehn Jahre auf derselben Position … Das heißt für mich, da ist jemand nicht besonders ‚pushy'. Wir brauchen aber Leute, die den Wechsel einläuten. Mitarbeiter, die die Dinge vorantreiben und Veränderungsprozesse auch wirklich umgesetzt bekommen. Da darf man nicht lasch sein oder reaktiv. Wir brauchen Menschen, die die notwendigen Schritte direkt angehen! Sonst bewältigen wir die bevorstehenden Herausforderungen nicht. Dafür wurde ich eingestellt. Dafür garantiere ich persönlich. Deshalb sehe ich für Sie in absehbarer Zukunft keine Möglichkeit zu einer Beförderung."

Man kann es Andrea B. nicht verübeln, dass sie seit diesem Tag die Nase gestrichen voll hatte und sich entschied, die Zeit mit ihren Kindern und ihrem Mann zu genießen statt auf eine Beförderung zu warten, die vielleicht nie kommen würde. Von da an blieb sie nie länger als bis 18 Uhr im Büro; meist ging sie schon um 17 Uhr nach Hause. Am Wochenende stellte sie ihren Blackberry aus und war für Sonderaufgaben nicht mehr zu haben. Wenn es um Veränderungsvorschläge oder neue Ideen ging, kam von ihr nichts Nennenswertes mehr. Schade, denn ihre letzte Idee hatte dem Unternehmen mehrere Millionen Euro gespart: Sie hatte vorgeschlagen, einfach auf den Bordgerichten die Garnierung wegzulassen.

3. Emotionale Reaktionen, Schuldzuweisung – depressiv oder aggressiv

Jeder kennt das Gefühl, emotional zu werden. Da brechen wir auf einmal in Tränen aus, obwohl wir doch nicht weinen wollten; es entfahren uns wüste Beschimpfungen, obwohl wir uns doch zusammenreißen wollten, oder wir fühlen uns einfach total niedergeschlagen, obwohl wir uns doch eigentlich nicht runterziehen lassen wollten. Wenn wir unwillkürlich und gegen unser Wollen in Emotionen versinken, kann das die dritte Phase auf dem Weg zum Burn-out markieren. Je nach Persönlichkeitstyp und Situation werden wir in dieser Phase entweder depressiv oder aggressiv. Einmal behandelte ich einen Lehrer, der nach einer kurzen Burn-out-Therapie eine Begleitung bei der Wiedereingliederung benötigte. Er erzählte mir, dass er vor seinem Burn-out immer aggressiver geworden war und seinen Schülern fast in jeder Stunde vorgeworfen hatte, undiszipliniert und „völlig durchgeknallt" zu sein. Rückblickend sagte er: „Dabei war das total überzogen. Kinder und Jugendliche sind eben nicht immer hundertprozentig bei der Sache und aufmerksam für das, was man ihnen gerade erklärt. Ich wusste das damals auch. Aber ich hielt es einfach nicht mehr aus, wenn jemand schwätzte oder kritische Bemerkungen machte. Eigentlich hätte ich damals schon nicht mehr in den Unterricht gehört. Ich war gereizt und konnte keine ausgewogene Pädagogik mehr machen. Ich hoffe, mir passiert das in Zukunft nicht mehr."

4. Kraftlosigkeit, Abbau (körperlich)

In der nächsten Phase auf dem Weg zum Burn-out beginnt sich der Körper zu melden. Da die Phasen zu einem gewissen Grad auch parallel ablaufen können, können körperliche Beeinträchtigungen auch schon vorher spürbar sein. Eine generelle Erschöpfung tritt ein – eine grundsätzliche Kraftlosigkeit, die nicht mehr durch einen guten Schlaf oder ein erholsames Wochenende aufgefangen werden kann.

Eine Krankenschwester, die auf der Krebsstation einer Uniklinik arbeitete, berichtete Folgendes:

Ich war immer eine der Ersten gewesen, die einsprang, wenn ein Kollege mal eine Pause brauchte. Selbst machte ich selten Pausen. Meine Arbeit ist für mich mehr als ein Job. Ich sehe es als meine Berufung an, Menschen zu pflegen und ihnen gegebenenfalls auch den letzten Weg zu erleichtern, so weit es geht. Irgendwann bemerkte ich, wie kraftlos ich war. Mir fiel es morgens nicht mehr leicht, aus dem Bett zu kommen. Nachtschichten waren der Horror. Schon Tage vorher hatte ich Angst. Ich wusste nicht, wie ich die langen Nächte überstehen sollte. Ich war so müde, wollte nur noch schlafen. Das tat ich auch, wenn ich frei hatte. Ich schlief ganze Tage durch. Und ich war dabei immer noch fertig. Als ich dann ernsthaft überlegte, ein paar Medikamente zu nehmen, die mich aufputschen sollten, zog ich die Reißleine.

Die Krankenschwester ließ sich von der Krebsstation in die Augenheilkunde versetzen. In diesem emotional etwas weniger belasteten Umfeld konnte sie ihre Grenzen eher wahren und reduzierte so die Gefahr eines Burn-outs.

5. Abstumpfung, Verflachung (emotional) – „Man nimmt nicht mehr alles wahr"

Eine stark fortgeschrittene Phase auf dem Weg zum Burn-out ist die der emotionalen Abstumpfung; in ihrer klinischen Form bezeichnet man sie auch als „Depersonalisierung". Vielleicht kennen Sie das in abgemilderter Form auch: Man sitzt irgendwo und starrt ins Leere, ohne Empfindung, ohne Gedanken. Ab und zu ist das normal und dient Körper und Geist dazu, sich zu regenerieren. Hält dieser Zustand aber über mehrere Stunden, Tage oder gar Wochen an, gibt es ein ernstes Problem.

Ein Vater erzählte mir dazu folgende Geschichte:

Ich hatte über Monate extremen Stress auf der Arbeit. Es wurden über hundert Leute entlassen, und wir wussten, dass es jeden treffen könnte, der auch nur einen Angriffspunkt lieferte. Ich blieb jeden Tag mindestens 14 Stunden im Büro und war auch am Wochenende immer lückenlos erreichbar. Irgendwann spürte ich gar nichts mehr. Als meine fünfjährige Tochter sich beim Spielen im Garten mit einer Schippe die Lippe aufgeschlagen hatte, stand ich daneben, und es war mir einfach nur egal. Meine Frau kam aus der Küche gerannt und brüllte mich an, warum ich denn nichts unternähme. Auch das war mir egal. Ich empfand überhaupt nichts mehr. Heute schäme ich mich dafür, aber damals war nichts mehr in mir, was noch eine Empfindung hätte auslösen können.

6. Psychosomatische Reaktionen

Die nächste Phase ist von psychosomatischen Symptomen bestimmt. Nach meinem Studium und meiner therapeutischen Anerkennungszeit an der Chicagoer Uniklinik war ich eher skeptisch, was die Auswirkungen psychischer Zustände auf den Körper anging. Vieles erschien mir esoterisch und allzu sehr dem Aberglauben zugehörig, einfach unwissenschaftlich. Heute denke ich etwas anders. Zwar glaube ich immer noch, dass sich vieles, was der Körper empfindet, „im Kopf" abspielt, aber das „*nur* im Kopf" ist weggefallen.

So sind wir eben. Wir haben ja nicht einen Körper, wir *sind* ein Körper. Und es ist im Grunde selbstverständlich, dass sich das, was wir glauben, was wir empfinden und wie wir leben, direkt auf den Körper auswirkt. Es gibt unzählige psychosomatische Erscheinungsbilder, die von Zähneknirschen, Muskelzuckungen und Hautkrankheiten bis hin zu Tinnitus, Rückenschmerzen, Magenproblemen, Schmerzen und Bluthochdruck reichen. Psychosomatik ist natürlich nicht die einzige Ursache für diese Erkrankungen, kann aber eine sein. Ein Patient erzählte mir im ersten Gespräch, das wir miteinander führten, Folgendes: „Es begann mit einem leichten Kribbeln in den Fingern. Ich zollte dem keine Beachtung; es war ja immer nur kurz. Ein paar Wochen später rötete sich meine Haut im Gesicht für mehrere Stunden täglich. Ich dachte, das sei auf Allergien zurückzuführen. Aber man fand keine. Dann schwoll mein Bein plötzlich an. Meine Blutwerte waren perfekt. Seit ein paar Tagen kann ich nur noch Zwieback essen, weil mein Magen verrücktspielt. Aber mein Arzt sagt, er findet nichts. Ich habe nun das Gefühl, dass mein Körper insgesamt gegen irgendetwas rebelliert. Und ich will herausfinden, gegen was." Es stellte sich im Laufe der Therapie heraus, dass er einige Jahre zuvor einen zwölfjährigen Sohn wegen Leukämie verloren hatte. Die Trauer darüber hatte er nie zugelassen, sondern er war direkt zur Tagesordnung übergegangen. Seine Frau, die stark trauerte, hatte sich daraufhin von ihm getrennt. Ich fokussierte die Therapie fast vollständig auf seine Trauer und deren Verarbeitung und nach etwa einem Jahr waren die „springenden" Symptome völlig verschwunden. Ein Mechanismus der Psyche, der mir mit hartnäckiger Beständigkeit immer wieder begegnet. Wir sind eben ein Körper.

7. Verzweiflung

Die letzte Phase, die im Grunde bereits einen Burnout darstellt, ist die Verzweiflung. Gekennzeichnet ist sie durch eine allumfassende Hoffnungslosigkeit. Es ist alles gleichgültig, alles sinnlos und alles dunkel. Betroffene brechen am Ende dieser Phase in sich zusammen. Zwar kann man kurz vorher im Verhalten noch Hektik und Hysterie feststellen, aber auch dies wird letztlich vom Zusammenbruch gefolgt, den wir dann als Burn-out bezeichnen. Nichts geht mehr. Wie das aussieht, haben wir an verschiedenen Beispielen bereits eindrücklich gesehen. Gerade weil aber der Zusammenbruch alles Tun beendet – so auch das ungesunde –, besteht an diesem Punkt die große Chance, grundsätzlich etwas zu verändern. Der Reset-Knopf wurde gedrückt. Beim erneuten Hochfahren kann man ein anderes Programm starten.

Symptome

Zum Glück zwingt der Burn-out den Betroffenen dazu, den Leistungs- bzw. Erwartungshighway zu verlassen und die Ausfahrt zu nehmen, bevor es zu spät ist. Die Psyche schlägt dazwischen und stellt sicher, dass der Körper die Ruhe bekommt, die er braucht. Ein Burn-out ist im Grunde Todesprophylaxe. Insofern kann man dankbar sein, wenn man aus dieser letzten Ausfahrt hinauskatapultiert wird. Allerdings ist es noch wesentlich besser, schon ein paar Ausfahrten vorher freiwillig und kontrolliert von der Autobahn der Überarbeitung abzufahren. Je länger man darauf bleibt, desto schädlicher ist es für Körper, Geist und Seele. Die Symptome eines sich ankündigenden Burn-outs sind vielfältig. Wir nennen sie hier Stresssymptome. Und diese sollten bereits bekämpft werden, bevor sich ein Burn-out einstellt, denn auch schon vor der höchsten Eskalationsstufe – dem Burn-out – schädigt Stress den Organismus (Körper, Geist,

Psyche) und das System (Umfeld und Beziehungen) beträchtlich.

Je näher sie dem Burn-out kommen, desto häufiger leiden Betroffene in zunehmendem Maße unter folgenden Stresssymptomen:

- Lustlosigkeit an Dingen, die vorher Spaß gemacht haben
- Gereiztheit und gesteigerter Aggressionspegel
- das Gefühl, gescheitert zu sein und versagt zu haben
- das Gefühl der Sinnlosigkeit: „Es bringt ja eh nichts."
- Angst, Aufgaben und Anforderungen nicht mehr zu schaffen
- mangelndes Interesse am Job
- andauernde Müdigkeit und ständiges Erschöpftsein (im Burn-out mehr als 14 Tage ohne Unterbrechung)
- Schlafstörungen: nachts wach und/oder tagsüber müde
- Konzentrationsstörungen
- Verzweiflung und generelle Hoffnungslosigkeit
- starke und unvermittelte Stimmungsschwankungen
- Körperliche Symptome: Kopf- und Rückenschmerzen, Magen-, Darm-Beschwerden, Zähneknirschen, Tinnitus etc.
- Zerfall von Beziehungen und zunehmender Rückzug aus dem Freundeskreis

Dabei sind die auftretenden Symptome noch nicht einmal ganz so einfach Stress oder Burn-out zuzuordnen. Ein Lehrer berichtete mir etwa Folgendes:

Erst bemerkte ich gar nichts. Dann fiel mir auf, dass ich meinen geliebten Kaffee morgens nicht mehr vertrug. Mein Magen machte seltsame Glucksgeräusche und ich fühlte mich irgendwie komisch. Also ließ ich den Kaffee weg. Dann begann meine Verdauung verrücktzuspielen. Ich konnte tagelang nicht mehr auf die Toilette, dachte aber, das hänge mit dem Absetzen des Kaffees zusammen. Aber nach mehr als einem Monat war es immer noch nicht besser geworden. Ich konnte immer weniger essen, fühlte mich aufgedunsen und bewegte mich schwerfällig und lustlos. Dabei war ich gerade neu verliebt und sollte doch eigentlich durch die Welt hüpfen …

Die Ärzte, die ich aufsuchte, fanden gar nichts. Ich sei kerngesund. Tolle Blutwerte und alle Organe voll in Ordnung. Aber ich fühlte mich elend. Ein Heilpraktiker diagnostizierte zahlreiche Lebensmittelallergien und erzählte etwas von meinem Energieleib, der nicht in meinem eigentlichen Körper war, sondern daneben. Ich würde also „neben mir stehen". Damit konnte ich nicht viel anfangen, beschloss aber, die Lebensmittel zu meiden, gegen die ich vermeintlich allergisch war. Das war so ziemlich alles: Fleisch, Getreide, Hefe, Eier, Milchprodukte, Reis, Nüsse, nicht grünes Gemüse etc. Ich ernährte mich also acht Wochen lang von trockenen Hir-

sewaffeln, Brokkoli und Hülsenfrüchten. Davon wurde mein Organismus so geschwächt, dass mir zwei Rippen brachen, als ich mich über eine Betonbrüstung beugte.

Das war der Tiefpunkt meiner Geschichte. Danach meldete ich mich zur Magenspiegelung an, die ich bisher ängstlich vor mir hergeschoben hatte. Ich musste jetzt wissen, was da drinnen los war. Das war die beste Entscheidung meines Lebens! Denn mit der Kamera des Arztes sah ich auf einem großen Bildschirm die rosigen Innenwände meines Magens, die makellos und völlig unberührt ihre Arbeit verrichteten. Keine Rötung, kein Schleim, kein Geschwür. Alles gut. Und es war genau jener Moment, in dem ich spürte: Jetzt ist die Krankheit vorbei. Ich hatte quasi voller Faszination in mich hineingeschaut und durfte sehen: Alles ist gut. Die Symptome waren nach einigen Tagen verschwunden, und ich war wieder „gesund", ohne je „krank" gewesen zu sein. Natürlich fragte ich mich, wie es so weit hatte kommen können.

Und da ich nun körperliche Ursachen ausschließen konnte, forschte ich in meiner Psyche nach. Ich sah, dass mein Leben unglaublich stressig geworden war: In diesem Jahr hatte ich einen Lehrplan, der fast nur aus Deutschunterricht bestand – das aufwendigste Fach in puncto Korrekturen und Lehre. Mein zweites Fach, Mathe, war da wesentlich weniger kräftezehrend. Außerdem hatte ich eine Frau kennengelernt, die 400 Kilometer entfernt lebte. Wir führten seit ein paar Monaten eine Wochenendbeziehung. Zudem war es meine erste richtige Langzeitbeziehung. Das machte mir Angst, was ich mir bisher nicht eingestanden hatte. All das hatte sich zu einem Cocktail vermischt, den ich buchstäblich nicht verdauen konnte.

Aber als ich nun erkannte, dass mein Magen gar nicht das Problem war, hörte ich auf, am falschen Ende herumzudoktern. Ich sprach mit meiner Freundin über meine Ängste und die Freude darüber, sie gefunden zu haben, schaltete meinen Anspruch auf Perfektion im Deutschunterricht eine Stufe herunter und teilte dem Beauftragten für die Stundenpläne mit, dass ich im nächsten Jahr mehr Matheunterricht geben wollte. Und wann immer mein Magen grummelt, hole ich das innere Bild von meinem rosigen und gesunden Magen aus der Erinnerungsschublade meines Hirns.

Es ist schon faszinierend, wie die Seele den Körper nutzt, um ihre Botschaften „an den Mann" zu bringen. Ich würde mir Wege wünschen, die leichter verständlich sind, aber wenn man es mal verstanden hat, dann kennt man meist auch schon die Lösung. Ein toller Mechanismus.

Lieber umkehren als umfallen

Heldin oder Held. Hin oder her. Am Ende zählt nicht, wer am tapfersten gekämpft hat und wer am mutigsten dem Abgrund entgegengestürmt ist. Am Ende zählt, wer rechtzeitig umkehrt, bevor er umfällt.

Die Zeitschrift „Der Spiegel" betitelte ihre Ausgabe 4/2011 mit „Volk der Erschöpften". Noch nie gab es in Deutschland eine so hohe Zahl von behandlungsbedürftigen Depressionen und andere Erschöpfungskrankheiten. Experten vermuten, dass die psychosomatischen Erkrankungen in den nächsten Jahren die Herz-/Kreislauferkrankungen von Platz 1 der Hitliste aller Volkskrankheiten verdrängen werden. Vier Millionen Bundesbürger leiden unter behandlungswürdigen Depressionen, die natürlich nicht alle Stress zur Ursache haben, dadurch aber begünstigt werden. Die Fehlzeiten, die aufgrund stressbedingter Symptome entstehen, haben seit 1998 um über 76 % zugenommen. 2009 wurden 38 % der Frühverrentungen aufgrund von seelischen Krankheiten bewilligt. Das ist sicher auch darauf zurückzuführen, dass heute seelische Erkrankungen bereitwilliger diagnostiziert werden als noch vor einigen Jahren. Auch die Pharmaindustrie hat einen mächtigen Einfluss und ein ausgewachsenes Interesse daran, dass psychische Krankheiten neu definiert werden, damit sie ihre Psychopharmaka an den Mann und die Frau bringen kann. So hat sich die Liste der psychischen Krankheiten seit der ersten Ausgabe des offiziellen Krankheitsverzeichnisses der WHO mit dem Titel „ICD" (International Statistical Classification of Diseases and Related Health Problems) in den 1960er Jahren bis zur gegenwärtigen zehnten Auflage (ICD-10) fast verdreifacht.

Sind die Menschen heute also kränker als in den ersten drei Jahrzehnten nach dem Zweiten Weltkrieg? Wohl kaum. Die Steigerung ist eher darauf zurückzuführen, dass man mehr Symptome als „Krankheit" definiert. So spricht man heute beispielsweise von einer „posttraumatischen Belastungsstörung" und meint damit die psychischen Resultate einer als traumatisch erlebten Situation. Dass nach dem Zweiten Weltkrieg sehr viele Menschen unter solch einer Störung litten, ist mehr als wahrscheinlich. Allerdings wurde dies damals nie so benannt. Man sagte einfach: „Der war halt im Krieg und ist deshalb ein bisschen komisch." Da sind wir heute zum Glück weiter. Dass Menschen auch 1960 schon gestresst und überarbeitet waren, lässt sich wohl kaum verneinen. Und sie waren es auch schon im Mittelalter. Und in der Frühzeit. So wird beispielsweise im „Spiegel"-Artikel erwähnt, dass viele die biblische Erzählung vom Propheten Elia, der sich in der Wüste unter einen Ginsterstrauch zum Sterben legt, weil seine Botschaft so gar nicht ankommt, als frühzeitliche Symptombeschreibung von Überarbeitung und Depression deuten. Oder anders gesagt: als Burn-out. Das Phänomen ist also im Gegensatz zum Namen absolut nicht neu.

Dabei ist der Prozess, der bei einem beginnenden Burn-out in unserem Körper abläuft, an sich sehr sinnvoll und gesund. Etwas vereinfacht sieht er folgendermaßen aus: Bei hoher Belastung reagiert zunächst unser Gehirn (Hypophyse). Es schüttet Botenstoffe aus, die durch den Blutkreislauf bis zu den Nieren transportiert werden. Sie wirken dort wie ein Schalter, mit dem ein Prozess angeknipst wird. Die Nebennierenrinden produzieren daraufhin das Stresshormon (Kortisol) und das Nebennierenmark bildet Adrenalin. Im Grunde setzt sich der Körper selbst unter leistungssteigernde Drogen. So kann er schnell, wach, lange und hart arbeiten. Aber durch die gestarteten Vorgänge werden gleichzeitig das Immunsystem geschwächt und die inneren „Batterien" ausgelaugt. Für einen kurzen Zeitraum, zum Beispiel die Flucht aus einer Gefahrensituation oder einen Überlebenskampf, ist eine hohe Dosis Adrenalin genau das Richtige. Aber wenn dieser Zustand länger anhält, ist es eher schädigend für unseren Körper.

Gefährlich ist also nicht der Stress an sich; unser Körper kann damit sehr gut umgehen, und es ist gut, dass wir überhaupt gestresst sein können. Gefährlich wird es, wenn der Stress zu lange andauert oder eine zu hohe Intensität aufweist. Es geht also, wie meist bei seelischer und körperlicher Gesundheit, um das rechte Maß. Oder wie Hippokrates es vor 2.500 Jahren formulierte: „Ob etwas Gift oder Heilmittel ist, bestimmt allein die Dosis."

Die Kraft, die in mir schlummert ...

Stufen der Entwicklung

Es ist gut, von Zeit zu Zeit zurückzublicken: „Wo komme ich her? Was macht mich aus, wie wurde ich zu dem, der ich bin?"

In der Entwicklungspsychologie des späteren Harvard-Professors Erik Erikson dreht sich alles um die Frage, wie eigentlich Identität entsteht. Wie werden wir die, die wir sind? Warum sind wir so und nicht anders? Warum sind wir verschieden? Wieso kann ich stark sein? Oder warum bin ich so ängstlich? Weshalb kann ich so gut zuhören? Erikson beantwortet alle diese Fragen mithilfe seines Stufenmodells der psychosozialen Entwicklung. Es beschreibt acht Lebensphasen, und jede davon beinhaltet einen Scheideweg, der entweder in eine gesunde Richtung führt oder in eine ungesunde. So geht es in der ersten Phase, die unsere Säuglingszeit abbildet, beispielsweise um die „Entscheidung" zwischen Urvertrauen oder Urmisstrauen.

Die Erfahrungen als Neugeborenes und die Verarbeitung dieser Erlebnisse und Eindrücke bestimmen den späteren Weg. Sie beeinflussen, ob die Entwicklung dahin führt, dass wir später eher mit Vertrauen durchs Leben gehen oder eher mit Misstrauen und Unsicherheit. Natürlich kann jede Phase auch später „nachgebessert" oder „verschlechtert" werden. Aber immer findet die stärkste Prägung in ihrer jeweiligen Phase statt. Dabei gibt es in jeder Phase auch besondere Personen(kreise), die als „Hauptprägende" wichtig sind. In dieser ersten Lebensphase ist dies für uns die Mutter beziehungsweise die Person, die die Mutterrolle übernimmt. Im Laufe des Lebens weitet sich der Personenkreis immer mehr.

Störungen – belastende und/oder traumatische Erlebnisse in jeder Phase der Entwicklung – führen dazu, dass sich eher die problembehaftete Seite in uns entwickelt. So entsteht beispielsweise ein grundsätzliches Misstrauen statt eines grundsätzlichen Vertrauens (Phase 1). Spannend wird es dann im umgekehrten Fall: Wenn ich als Erwachsener merke, dass es mir schwerfällt, Menschen zu vertrauen, mich auf andere einzulassen, fremde Situationen gelassen und offen anzugehen, lässt dies unter Umständen den Rückschluss zu, dass in der ersten Phase meines Lebens gewisse Umstände herrschten – vielleicht sogar Störungen oder Traumata vorlagen –, die mich in Richtung Misstrauen geprägt haben. Wenn man dann mutig genug ist und ein wenig Glück hat, kann man herausfinden, ob im ersten Lebensjahr etwas geschehen ist (Abwesenheit, Tod oder Verschwinden eines

Hier die acht Phasen im Überblick:

1. Phase: Säuglingszeit (Geburt – ca. ein Jahr)
Entscheidung: Urvertrauen oder Urmisstrauen
Prägende Person: Mutter

2. Phase: Kleinkindalter (ca. 2.–3. Lebensjahr)
Entscheidung: Autonomie (Selbstständigkeit)
oder Scham und Zweifel
Prägende Personen: Vater und Mutter

3. Phase: Kindergartenalter (ca. 4.–5. Lebensjahr)
Entscheidung: Initiative oder Schuldgefühl
Prägende Personen: Vater, Mutter, Geschwister, Verwandte

4. Phase: Grundschulzeit (ca. 6. Lebensjahr – Pubertät)
Entscheidung: Erfahrung der Mächtigkeit und Leistungskraft
oder Minderwertigkeitsgefühl
Prägende Personen: Freunde, Mitschüler, Lehrer, Trainer

5. Phase: Adoleszenz (Pubertät – ca. 20. Lebensjahr)
Entscheidung: Identität oder Rollenverwirrung („Wer bin ich?")
Prägende Personen: der eigene Freundeskreis
(„Clique" oder „Peergroup"), Vorbilder, „Die anderen"

6. Phase: frühes Erwachsenenalter (ca. 20.–35. Lebensjahr)
Entscheidung: Intimität und Solidarität oder Isolation
Prägende Personen: Freunde, Sexualpartner, Rivalen,
Mitarbeiter, Vorgesetzte

7. Phase: mittleres Erwachsenenalter (ca. 35.–60. Lebensjahr)
Entscheidung: Generativität (Kreativität/Schöpfung)
oder Stagnation (Stillstand)
Prägende Personen: Partner, Freunde, Arbeitskollegen,
Vorgesetzte

8. Phase: hohes Erwachsenenalter (65. Lebensjahr – Lebensende)
Entscheidung: Integrität oder Verzweiflung und Ekel
Prägende Personen: Menschheit, „Menschen meiner Art"

Elternteils, grobe Vernachlässigung, emotionale Kälte der Erziehenden, übergroße Gefahr oder auch eine starke „Überversorgung"), das diese negative Entwicklung oder Prägung bewirkt hat. Wenn man eine Spur gefunden hat, kann man beginnen, darüber zu sprechen. So lassen sich auch im Nachhinein noch Trost und Gesundung finden. Das gilt übrigens für alle Phasen und deren Störungen.

Wer schon einmal eine Gesprächstherapie gemacht hat, weiß, dass das tatsächlich funktioniert. Auch wenn man vieles erlebt hat, das einen verwundete, kann man wieder heil werden. Das „Heilwerden" ist eine Wissenschaft für sich, die Salutogenese genannt wird. Übersetzt heißt das „Heilwerdung" (von salus [lat.]: Heil, genesis [griech.]: Werdung). Die Salutogenese wurde von dem israelisch-amerikanischen Medizinsoziologen Aaron Antonovsky (1923–1994) in den siebziger Jahren als Gegenbegriff zur Pathogenese („Wie wird man krank?") entwickelt. Nach dem Salutogenese-Modell ist Gesundheit kein Zustand, sondern ein Prozess. Um ihn erfolgreich zu durchlaufen (um nach erlebter Verletzung also wieder heil zu werden), sind drei Dinge notwendig:

1. Verstehbarkeit
Ich muss wieder dahinkommen, dass ich die Welt um mich herum als geordnet, strukturiert, konsistent und nicht als chaotisch, willkürlich und unerklärlich wahrnehme.

2. Handhabbarkeit

Ich muss wieder zu der Überzeugung gelangen, dass ich eigene Kräfte und Fähigkeiten („Ressourcen") habe oder jederzeit auf die Unterstützung anderer (Hilfe) zugreifen kann und damit den Anforderungen, die das Leben stellt, gewachsen bin.

3. Sinnhaftigkeit

Ich muss wieder das Gefühl bekommen, dass mein Leben einen Sinn hat. Es ist deshalb wichtig, bestimmten, auch schweren Erlebnissen, einen ganz persönlichen Sinn abzugewinnen.

Je stärker diese drei Dimensionen im Leben eines Menschen ausgeprägt sind, desto mehr befindet er sich auf der Seite der psychischen Gesundheit – und umso mehr ist er davor geschützt, psychisch krank zu werden.

Diese drei Dimensionen zu erreichen oder zumindest an ihnen zu arbeiten ist immer möglich – in jeder Lebensphase – und lohnt sich auf jeden Fall. Drei Fragen können helfen, sich selbst zu prüfen und festzustellen, wie es im eigenen Leben um Verstehbarkeit, Handhabbarkeit und Sinnhaftigkeit bestellt ist:

1. Wie stark bin ich der Überzeugung, dass die Welt um mich herum nach klaren Gesetzmäßigkeiten funktioniert und alles „seine Ordnung" hat?

2. Wie sehr bin ich davon überzeugt, dass ich wertvolle Talente und Fähigkeiten besitze und auch Menschen in meinem Umfeld habe, die mir helfen können und wollen, wenn ich selbst nicht mehr weiterweiß?

3. Wie stark habe ich das Gefühl, dass ich Krisen und Schicksalsschläge meistern kann, und wie sehr glaube ich daran, dass auch im Schlimmsten irgendwo ein Sinn liegt, obwohl ich ihn unter Umständen (noch) nicht sehen kann?

Es gibt bei derartigen Fragen keine richtige oder falsche Antwort. Man muss im Gegenteil offen nachspüren, wie man ganz subjektiv und emotional auf diese Fragen reagiert. Am besten beantwortet man sich die Frage, wie man sich gerade *fühlt* – und nicht, wie man meint, sich fühlen zu *müssen*. Wenn man dann das Gefühl hat, man könnte im Sinne der eigenen psychischen Gesundheit noch zulegen, kann man sich an die Arbeit machen. Und das bedeutet immer: Mache dich auf die Suche nach Menschen, die dir helfen können, dein Selbstwertgefühl zu steigern. Menschen, die dich mit guten Botschaften über dich versorgen. Menschen, die dich wirklich lieben. Und distanziere dich von denen, die dir das Gegenteil bieten!

Aber zurück zu den Prägungsphasen: Sie werden beim Betrachten der Übersicht bemerkt haben, dass die Phasen im Laufe unseres Lebens immer länger werden. Das deutet schon darauf hin, dass Prägung, je älter wir werden, umso länger dauert. Man kann sich das so vorstellen: Als Kinder sind unsere Seelen wie ein noch warmes Wachs, in das Formen mit wenig Druck sehr tief eingeprägt werden. Mit zunehmendem Alter wird das Wachs härter und stabiler. Es wird fest wie Holz, dann hart wie Stein. Den höhlen dann nur noch der berühmte „stete Tropfen" oder „Dynamit" aus – und das dauert oft lange bzw. tut sehr weh. Grundsätzlich ist Veränderung aber in jedem Alter möglich. Es ist nie zu spät. Auch mit 80 Jahren nicht.

Geht also die Prägung einer Phase in eine bestimmte Richtung, bewegt sich auch die Kompassnadel unserer späteren Entwicklung auf den gleichen Kurs. Das ist ziemlich logisch. Und schon Sigmund Freud, in dessen Tradition die Entwicklungspsychologen stehen, hatte genau das erkannt: Wir werden zu dem, was wir in früheren Jahren erleben, was uns widerfährt, was uns bewegt und uns prägt.

Ich möchte mit der Betrachtung der Entwicklungsphasen aber noch einen Schritt früher als Erikson beginnen, nämlich im Mutterleib, in der Zeit zwischen unserer Zeugung und unserer Geburt. Die Reifung des zentralen Nervensystems beginnt normalerweise ab der dritten Schwangerschaftswoche. In der Regel ist deshalb ab der fünften oder sechsten Schwangerschaftswoche das sogenannte „Signallernen" möglich: Kinder beginnen, die Sprache der Mutter zu hören. Bereits zu diesem Zeitpunkt nehmen Föten Spannungen wahr, reagieren sensibel auf Lautstärke, sind empfänglich für Harmonie und Zärtlichkeit in Form von äußerlichem Streicheln und Tönen (Stimmen und Musik). Es gibt ernst zu nehmende Hinweise darauf, dass eine stressfreie Schwangerschaft einen maßgeblichen Einfluss auf das spätere Leben eines Menschen hat. Sie sorgt offenbar dafür, dass wir später mit einem stabileren Nervenkostüm ausgestattet und sogar weniger anfällig sind für Krankheiten und andere psychische oder physische Störungen. Leidet die werdende Mutter während des Heranwachsens eines neuen Lebens permanent, ist sie Schmerz, Stress und anderen schädlichen äußeren Einflüssen jeglicher Art ausgesetzt, resultiert daraus eine eher negative Entwicklungstendenz für das Kind. Auch das ist nicht verwunderlich.

Lassen Sie mich dies an einem Beispiel illustrieren: Eine Frau kam zu mir in die Sprechstunde, weil sie seit Monaten von einem immer wiederkehrenden Albtraum heimgesucht wurde: Sie sah sich als etwa Zehnjährige, wie sie von einer dunklen Gestalt gejagt und schließlich in die Enge getrieben wurde. In einer Straßenecke zog die Gestalt spitze Gegenstände aus dem Umhang und stach damit auf die Zehnjährige ein. An dieser Stelle erwachte die Frau immer wieder in Panik und war schweißgebadet. Außerdem, berichtete sie, fühle sie sich minderwertig und traue sich nichts zu, was sie immer wieder in die Arme von Männern treibe, die sie nach anfänglicher Fürsorge misshandelten. Aber damit solle nun endgültig Schluss sein, denn mit 60 Jahren sei es jetzt wirklich an der Zeit, aus diesem Muster auszubrechen.

Lange sprachen wir miteinander. Nach und nach erzählte sie mir ihre ganze Geschichte. Wir mussten lange „graben", bis ihr klar wurde, dass die Ursache für ihre schrecklichen Träume noch viel tiefer lag. Viele der Fakten kannte sie schon, brachte sie aber nicht in Zusammenhang mit ihren Träumen. Ihre Mutter hatte sie als Kind nicht nur abgelehnt, sondern auch während der ersten Schwangerschaftsmonate immer wieder versucht, mithilfe eines Kleiderbügels abzutreiben.

Man kann von Traumdeutung halten, was man will, in diesem Fall ist die Parallelität der Ereignisse für mich jedoch sehr auffällig. Sicherlich werden manche Experten die Zusammenhänge nicht so sehen wollen. Vielleicht ist es Zufall, dass ein Kind im Mutterleib ein Trauma erlebt und später als 60-Jährige solche Träume hat. Es mag Zufall sein, dass die Frau sich in ihrem Traum als Zehnjährige sieht – also in eben jener Phase, in der es um den Aufbau von Macht und Selbstwertgefühl geht. Vielleicht ist es auch Zufall, dass es in ihren Beziehungen um genau dieses Thema geht, nämlich Machtergreifung, die sie selbst für sich nicht durchführt und anderen überlässt, die dann Macht über sie ausüben.

Aber es ist eine Tatsache, dass die therapeutische Behandlung auf Basis dieser psychologischen Annahmen am Ende das Leben der Frau tatsächlich glücklicher machte. Sie trennte sich mit 61 Jahren von ihrem despotischen Ehemann und lebt heute – wie sie sagt –

mit „mindestens doppelt so viel Lebensfreude wie früher" in einer Mehr-Generationen-Wohngemeinschaft.

Irgendwann zwischen Zeugung und Geburt beginnt je nach Sichtweise das Leben. Und in diesem Stadium fangen wir bereits an, uns von unserer Umwelt beeinflussen zu lassen.

Die *erste Prägungsphase* beginnt nach dem Modell von Erikson mit der Geburt und endet im zweiten Lebensjahr. Unmittelbar nach der Geburt ist ein Neugeborenes noch vollkommen hilflos und kann ohne Zuwendung und Versorgung von außen nicht überleben. Trotzdem sind die Sinnesorgane nahezu komplett ausgebildet, Sprachentwicklung und Wahrnehmungsfähigkeit werden immer besser. Schon nach wenigen Stunden erkennt der Säugling Stimme und Geruch der Mutter. Ab dem ersten Monat zeigen sich angeborene Verhaltensweisen wie der Greif- oder Tauchreflex und ein bestimmter Gesichtsausdruck. Das Kind kann zwischen zwei und drei gleichen Objekten unterscheiden, kommuniziert durch Schreien und zieht Laute der Muttersprache denen anderer Sprachen vor. Es zeigt Interesse an Gesichtern und imitiert Augenblinzeln und das Herausstrecken der Zunge. Es beruhigt sich, wenn es auf den Arm genommen wird. In diesem Stadium sorgt Körperkontakt zur Mutter und anderen Menschen bereits für beginnendes Urvertrauen. Je mehr Nähe, Fürsorge,

Wärme, Kommunikation und Zärtlichkeit ein Baby erfährt, desto positiver äußert sich dies in seiner späteren Entwicklung.

Das Experiment des Stauferkönigs Friedrich II. von Sizilien (1194–1250) belegt dies ganz eindrücklich: Um herauszufinden, ob es eine „Ursprache" gibt, die allen Menschen gemein sei, ließ er Säuglinge von Ammen aufziehen, die sie zwar fütterten, aber nicht mit ihnen redeten, sie stumm und mit möglichst wenig Berührung versorgten, um sie sprachlich nicht zu beeinflussen. Auch sonstige Zuwendungen wie Spielen, Streicheln oder Ähnliches wurde ihnen untersagt. Das Experiment schlug auf die denkbar schrecklichste Art und Weise fehl, denn bevor die Kinder zu sprechen begannen, starben sie. Ob es eine Ursprache gab, hatte man nicht herausgefunden, aber etwas anderes wurde durch dieses Experiment bewiesen: Eine rein biologische Versorgung reicht nicht aus, um zu überleben, denn es geht nicht ohne Berührung, persönliche Ansprache und Zuwendung. Aber Vorsicht: Auch das kann man übertreiben. Zu viel Nähe und Berührung – also Überversorgung – bringt dieselben negativen Resultate wie Unterversorgung. Das rechte Maß bringt die besten Ergebnisse und die gesündesten Menschen hervor.

Im zweiten Monat kann der Säugling das Gesicht der Mutter von anderen unterscheiden, erforscht die Welt durch den Tastsinn: Er erkennt seinen im Mund gespürten Schnuller optisch wieder. Das Schreien wird durch „Gurren" ergänzt und das Baby reagiert mit Lauten auf Ansprache. Zudem entwickelt sich das „soziale Lächeln": Das Kind reagiert so auf menschliche Stimmen und Gesichter. Ab dem dritten Monat beginnen Säuglinge, den Kontakt zu anderen Menschen zu suchen, indem sie ihr Lächeln einsetzen. Die Suche nach Anerkennung beginnt. Wir Erwachsenen machen es übrigens meist auch nicht anders, wir „sprechen" zunächst „mit unseren Blicken", also körpersprachlich. Nun haben Kinder begriffen, dass Dinge nicht verschwinden, wenn sie verdeckt werden, es gibt eine Bandbreite verschiedener Schreiarten, Lippenbewegungen werden mit Vokalen in Zusammenhang gebracht, Augenkontakt wird gesucht oder gemieden und Interaktion erwartet … Die Schonfrist für Eltern ist abgelaufen (falls es sie denn vorher überhaupt gab).

So geht es dann stetig weiter, bis das Kind ab dem sechsten Monat damit anfängt, die Verhaltensweisen anderer nachzuahmen. Ein entscheidender Schritt in der frühen Prägung: Das, was wir tagtäglich sehen und erleben, versuchen wir bereits zu kopieren. Im siebten Monat verstärkt sich die Beziehung zu den Versorgern. Um den achten Monat erleben wir bei einem Kind das berühmte „Fremdeln", eine Konsequenz aus der einsetzenden Fähigkeit, zwischen unbekannten und vertrauten Menschen zu unterscheiden.

Im ersten Jahr werden viele Meilensteine passiert: Die ersten Worte werden nachgeahmt, das Kind reagiert auf seinen Namen, entwickelt das Langzeitgedächtnis, erkennt Emotionen des Gegenübers und reagiert entsprechend darauf beziehungsweise versucht, durch gewisse Verhaltensweisen bestimmte Emotionen hervorzurufen. Wenn der erste Geburtstag naht, hat ein kleiner Mensch in den vergangenen 365 Tagen schon extrem viel erlebt und erfahren. Wenn man bedenkt, wie verhältnismäßig wenig wir als Erwachsene in einem Jahr lernen, wird einem angesichts einer solchen Fülle ganz schwindelig. Entwicklung wird eben im Laufe des Lebens langsamer.

Die *zweite Prägungsphase* beginnt im zweiten Lebensjahr: Hier entscheidet sich, ob das Kind Scham und Zweifel oder Autonomie entwickelt. Dem Kleinkind ist mittlerweile bewusst, dass durch Aktionen bestimmte Reaktionen erzeugt werden. Was es tut, wird entweder gelobt oder getadelt. Einem Handeln folgt eine Konsequenz; so wird das Kind konditioniert: Was gelobt wird oder Gefallen bei den Eltern hervorruft, wird verstärkt und wiederholt, was Missfallen oder Tadel hervorruft, wird vermieden. Diesem Bewusstsein folgt die Erkenntnis, dass man durch Artikulation etwas erreichen kann. Die Sprache spielt hier eine entscheidende Rolle. Kinder wissen dies und versuchen, durch einzelne Wörter bereits Botschaften auszusenden.

Die Selbstständigkeit schreitet weiter voran. Mit etwa eineinhalb Jahren wird diese durch die Fähigkeit zu laufen weiter vorangetrieben. Auch wenn man dadurch noch lange nicht in der Lage ist, ein autonomes Leben zu führen, so hat man in den ersten 18 Monaten doch schon eine beachtliche Entwicklung durchschritten. Kinder sind zu diesem Zeitpunkt bereits in der Lage, Objekte zu erkennen, zu ahnen, was ihnen guttut und was ihnen schadet, was gut sein könnte – und was böse. Der Grund, warum wir als Kinder oft bestimmte Lebensmittel, vor allem Gemüse, nicht essen wollen, hat nicht selten mit einem tief verwurzelten Bewusstsein zu tun, dass bestimmte gefärbte Nahrungsmittel für den Kinderorganismus schädlich sein könnten. Genervten Eltern mag es helfen zu wissen, dass ihr Kind den Brokkoli nur deshalb ausspuckt, weil die Neandertalerkinder in grauer Vorzeit am Verzehr ähnlich grüner Pflanzen gestorben wären – lieber einmal zu viel gespuckt als einmal zu wenig.

Mit zwei Jahren sind Kleinkinder in der Lage, zusammenhängende Geschichten zu verstehen. Die etwas anstrengende Trotzphase hat im dritten Lebensjahr einen ihrer Höhepunkte. Kinder haben gelernt, ihren Unmut zu zeigen, zu signalisieren, dass sie mit etwas ganz und gar nicht einverstanden sind. Und ein weiteres für die spätere Entwicklung entscheidendes Gefühl beginnt sich zu entfalten: die Fähigkeit, das Leid und den Schmerz anderer nachzufühlen (Empathie). Wenn also der Mutter oder dem Vater Schlechtes widerfährt, spürt ein Kind das und wird durch deren Leid beeinflusst.

Die *dritte Phase* der Prägung erstreckt sich etwa vom vierten bis zum fünften Lebensjahr. Es steht die Entscheidung zwischen Initiative oder Schuld an.

In dieser Phase spielen Fremdeinflüsse außerhalb der Familie zunehmend eine Rolle. Wir befinden uns zu Beginn dieser Phase im bekannten „Fragealter". Selten werden Antworten einfach nur noch so hingenommen. Charakteristisch für diese Phase sind nicht enden wollende Dialoge, bei denen das „Warum" ein fester rhetorischer Bestandteil ist, egal, was man darauf antwortet: „Warum gehen Hunde auf vier Beinen?", „Warum ist die Sonne gelb?", „Warum macht Papa Überstunden?" Manchmal können Erwachsene nur noch mit einem „Das weiß ich auch nicht" oder „Das ist eben so" oder „Iss deine Spaghetti, bevor sie kalt werden" antworten. Das ist nur allzu menschlich; allerdings können auch solche „falschen" Antworten durchaus Auswirkungen haben, denn Kinder erleben in diesem Stadium eine Stabilisierung ihrer Erinnerungsfähigkeit. Das gesprochene Wort, alles, was sie hören, erleben und fühlen, prägt sich ihnen ein.

Auch leistungsorientiertes Verhalten entwickelt sich; Kleinkinder merken sich, was sie tun müssen, um etwas zu erreichen oder zu bekommen. Sie greifen jetzt bereits auf ihr „Erfahrungsarchiv" zurück und rufen Handlungen ab, um eine bestimmte Reaktion zu erzeugen. Die Eltern und der enge Familienkreis spielen zwar noch die prägenden Hauptrollen, aber zunehmend lassen sich Kinder in dieser

Lebensphase auch von anderen Menschen beeinflussen. Freundschaften mit Gleichaltrigen lösen die Erziehenden als alleinige Bezugsperson ab. Die kleinen Menschen ahmen andere nach und bringen in diesem Alter aus dem Kindergarten, vom Spielplatz oder von Geburtstagsfeiern viele neue Ausdrücke, Gesten und Verhaltensmuster mit nach Hause, die man – auch wenn man es möchte – so schnell nicht aus dem Kopf des Kindes verbannen kann. Zum ersten Mal wird die „Peergroup", also die Gruppe der Gleichaltrigen, wichtig.

In dieser Phase entscheidet sich auch, ob man eher zum „Festhalter" oder zum „Loslasser" wird. Wohl nicht von ungefähr entwickelt sich zu dieser Zeit der Muskelapparat; es scheint, dass körperliche Entwicklung und psychische Reifung ohnehin in sehr engem Verhältnis stehen. Versuchen Sie, einem Zweijährigen sein Lieblingsspielzeug abzunehmen, und Sie wissen, was ich meine. Geliebtes abzugeben fällt dem einen extrem schwer, dem anderen weniger. Die Fähigkeit loszulassen wird in diesen Jahren erworben – oder eben nicht. Dies ist sicherlich ein Grund, warum wir beispielsweise bei Verlust von geliebten Menschen, Tieren oder Dingen oft ganz unterschiedlich empfinden und trauern.

Kinder haben in diesem Alter noch das Problem, dass sie nur schwer zwischen Fiktion und Realität unterscheiden können. Dies hat zur Folge, dass sie sich auch unvoreingenommen und ohne Möglichkeit einer

Abstraktion von nicht realen Dingen beeinflussen lassen, sei es ein brutaler Comic, ein Horrorfilm im Fernsehen oder eine Zeichentrickmaus namens Jerry, die einer Zeichentrickkatze namens Tom mit dem Hammer unablässig auf den Kopf schlägt, ohne dass Tom ernsthaften Schaden davonträgt. Im echten Leben wäre Tom tot, genauso wie der Superheld im Fernsehen, der mit einem brennenden Helikopter abstürzt und nebenbei zwei Gangstern noch eigenhändig das Genick bricht, um dann ohne ernsthafte Verletzungen in den Sonnenuntergang zu entschwinden. Ganz zu schweigen von Computerspielen, die Nachbarn, Freunde, den großen Bruder oder sogar Papa begeistern; Spiele, bei denen man eine hohe Punktzahl erreicht, wenn man im Nahkampf so viele Menschen wie möglich abschlachtet. Kinder von drei bis sechs Jahren sind noch nicht in der Lage, zwischen Wirklichkeit und Fiktion zu unterscheiden; all diese Bilder prägen sich ein. Es ist wohl weniger bedenklich, dass Kinder unter Umständen versuchen, das Gesehene und Erlebte spielerisch nachzuahmen. Viel problematischer ist, dass derartige Szenen die Realität von Kindern beeinflusst.

Der dreijährige Kai durfte an besonderen Tagen mit seinem großen Bruder nachts fernsehen. Seinen Eltern war es ziemlich egal; sie waren froh, dass ihre Bettruhe nicht gestört wurde. Am liebsten schauten die Brüder Werwolf- und Vampirfilme, und weil Kai seinen großen Bruder sehr bewunderte, fand er solche Filme ebenfalls ganz großartig (schließlich befand er sich in der Phase der Nachahmung). Nur leider hörte nach Ende des Films die Angst nicht auf. Es trat keine Erleichterung ein wie bei Erwachsenen, die aus der Traumwelt wieder in die Wirklichkeit zurückkehren. Kai spürte keinen Unterschied. Vampire und Werwölfe gab es – er hatte es ja deutlich gesehen. Als seine Mutter eines Tages mit Entsetzen feststellte, dass Kai auf die Rückenlehne aller Designer-Polstermöbel im ganzen Haus mit rotem Wachsmalstift dicke Kreuze gemalt hatte, stellte sie ihren Sohn zur Rede. Auf ihre Frage, warum er das getan hatte, kam seine Antwort ganz sachlich und nüchtern: „Aber, Mama, du bist aber doof! Die Kreuze sollen die Vampire abhalten."

Die Tragik dieser Geschichte liegt nicht darin, dass Kais Mutter die Polstermöbel austauschen musste. Viel dramatischer ist, dass wir die Angst des kleinen Kai förmlich spüren können, wenn er jede Nacht mit weit aufgerissenen Augen im Bett liegt und hofft, dass „sie" ihn nicht holen kommen. In seiner Welt ist dies schreckliche Realität.

Ein weiteres Charakteristikum der dritten Lebensphase ist die frühkindliche Sexualität. In Fachkreisen spricht man von der „geschlechtsspezifischen Sozialisation". Das soll nicht heißen, dass die meisten Kinder in diesem Alter bereits sexuelle Erfahrungen machen, jedoch beginnen sie, ein für ein Geschlecht typisches Verhalten nachzuahmen. Kleine Jungen versuchen oft, machoähnliche Verhaltensweisen an den Tag zu legen und das bei Papa, Onkel oder Bruder Gesehene zu imitieren. Bei Mädchen ist es oft ein feminines Gestikulieren, ein unschuldiges „Flirten"; man probiert schon mal den Lippenstift der Mutter oder Schwester aus, verkleidet sich als Dame oder Prinzessin, bis man aus Mamas viel zu großen High-Heels kippt, oder versucht, mit den Jungen aus dem Kindergarten anzubandeln. Gerade bei Mädchen lösen Babypuppen den Teddybären ab. Sie üben sich schon mal in der Mutterrolle, auch wenn diese erst Jahrzehnte später interessant sein soll. Trotzdem beginnen Kinder bereits in diesem Alter, mit den für das eigene Geschlecht typischen Verhaltensweisen zu kokettieren. Allerdings in den seltensten Fällen in stereotypischer Art und Weise. Platt ausgedrückt: Viele Jungen spielen gerne mit Puppen, ziehen die High-Heels der Mutter an und greifen in ihren Schminktopf, und viele Mädchen spielen mit Autos, kicken Fußbälle und rangeln mit Gleichaltrigen. Allerdings stößt ein solches Verhalten, das „nicht zum Geschlecht passt", bei den Eltern meist auf Ablehnung. „Ein Junge spielt doch nicht mit Puppen. Bist du etwa ein Mädchen?" oder: „Du bist doch meine kleine Prinzessin. Lass den Ball liegen." Zumindest löst das kindliche Verhalten in solchen Fällen meist kein Lob aus. Fasst das autobegeisterte Mädchen dann einmal eine Puppe an, jauchzen die Eltern, reden mit warmer, begeisterter Stimme und lächeln. Das wirkt dann verstärkend und wird wiederholt. Da ist sie wieder, die Mathematik der Seele.

Die frühkindliche Sexualität – wir sind in keinem Alter asexuell –, äußert sich dann auch recht deutlich durch „Doktorspiele" mit Gleichaltrigen, das Reiben der Geschlechtsteile am Arm der Eltern oder das betonte Juchzen beim Windeln, wenn Penis oder Scheide berührt beziehungsweise eingecremt werden. Sexuelle Wesen sind wir von Geburt an. Die zärtliche Berührung unserer Sexualorgane und sonstigen erogenen Zonen des Körpers tut in jedem Alter gut, wenn sie angemessen, freiwillig, von uns selbst initiiert und/oder durch geliebte Menschen geschieht (sexueller Missbrauch ist hiervon klar zu unterscheiden). Vielfach müssen wir es als Erwachsene erst wieder lernen, was uns als Kindern so natürlich erscheint: das Genießen des eigenen Körpers – vor allem dann, wenn wir in dieser Phase gelernt haben, dass man „so etwas" nicht macht, weil man sich „da unten" nicht anfasst. So erklärt sich, warum verschiedene Menschen mit ihrer Sexualität so unterschiedlich gut zurechtkommen. Die Grundlagen dazu werden in dieser Phase gelegt.

Die *vierte Phase* beginnt im Alter von etwa sechs Jahren und endet mit dem Einsetzen der Pubertät mit ca. 12 Jahren. Die Kinder kommen in die Schule. An diesem Punkt entscheidet sich, ob sich das Gefühl des Mächtigseins entwickelt oder ob im Gegenteil das Gefühl der Minderwertigkeit überwiegt. Kinder sind jetzt alt genug, um zur Verantwortung gezogen zu werden (im Klassenzimmer zumindest). Sie erscheinen zum ersten Mal in statistischen Erhebungen, haben Pflichten wie das Erfüllen von Hausaufgaben oder das Lernen. Sie werden nun ein Teil der Leistungsgesellschaft, wenn auch in noch abgemilderter Form. Es macht Sinn, dass man mit sechs Jahren eingeschult wird. Nach dem Modell von Erikson setzt jetzt die Phase der Leistungskraft oder des Minderwertigkeitsgefühls ein, je nachdem, ob positive oder negative Erfahrungen gemacht werden. Besonders fatal wirkt sich in dieser Phase alles aus, was als negativ mit der eigenen Leistung verbunden wird.

In dieser Zeit entstehen die allseits bekannten persönlichen Talent-Mythen: „Physik kann ich einfach nicht", „Ich bin von Haus aus unsportlich", „Ich bin sprachlich unbegabt" oder: „Wenn es um Zahlen geht, bin ich eine echte Niete." Da hat es vielleicht einen Lehrer gegeben, der von Pädagogik keine Ahnung hatte, oder eine Lehrerin, die ihren Beruf hasste und uns deshalb mit griesgrämigem Gesicht jahrelang an den Kopf warf, wie dumm wir seien – und schon glauben wir es. Und mehr noch: Diese Überzeugung wird Teil unserer Persönlichkeit. Wir halten uns für Versager auf der ganzen Linie. Dabei ist es nicht selten wahr, was wir als Schüler schon ahnten: Es liegt mitunter an der Unfähigkeit oder dem Unwillen von Lehrkräften, die richtigen Worte und Bilder zu finden, damit wir verstehen. Erfolgserlebnisse sind gerade in dieser Phase nicht nur für das Zeugnis immens wichtig, sondern auch für das Entstehen eines festen Selbstvertrauens und einer eigenen, als wertvoll empfundenen Persönlichkeit. Nicht für die Schule, für das Leben lernen wir – das hatten schon die alten Römer verstanden. Erfährt ein Schulkind Stärkung und erlebt in dieser Phase die von ihm erbrachte Leistung positiv, kann es sich zu einem Menschen entwickeln, der an sich glaubt, der an Herausforderungen wächst, Misserfolge verkraftet und daraus lernt. Ein solcher Mensch wird auch Fehler zugeben können und seine Macht nicht missbrauchen. Es genügt eine einzige Lehrkraft, die uns positiv aufwertet, uns unterstützt, an uns glaubt. Dies gilt übrigens unabhängig von der eigentlichen Schulnote. Eine Lehrerin, die mir mit einer Zwei in Mathematik vermittelt, dass ich ein Versager bin, weil ich eigentlich eine Eins hätte haben müssen, macht mehr kaputt als eine, die mir bei erfolgreicher Verbesserung von der Note „Fünf" auf „Vier" vermittelt, wie stolz ich auf mich sein kann, weil ich die Versetzung geschafft habe. Sie sehen, es ist alles eine Frage der Perspektive.

Was man in Vorschule oder Kindergarten erst langsam kennenlernte – Cliquenbildung, Ablehnung durch andere, aber auch neue Freundschaften, die unter Umständen ein ganzes Leben lang halten können –, das erlebt man nun die nächsten 9 bis 13 bzw. 12 Jahre in der Schule. Jeden Tag können sich in unserer schulischen Laufbahn unvorhersehbare Krisen und Kleinkriege ereignen. Zurückweisung und gefühlte Isolation können das kindliche Leben erheblich beeinflussen. Und die schönen Erlebnisse wie gute Noten, ein wohlmeinendes Schulterklopfen durch den Lehrer, Einladungen zu Geburtstagsfeiern der Mitschüler, Unterstützung durch die Banknachbarn bereichern unser Leben auf positive Weise. Sie machen uns Mut und stärken unser Selbstbewusstsein. Wir machen zum ersten Mal die Erfahrung, dass wir aufgrund guter Leistungen auch außerhalb der Familie Lob und Anerkennung ernten, und beginnen, unser eigenes soziales Netz zu spannen.

Auch nach der Schule entwickelt sich in dieser Phase ein Leben, das fern des Elternhauses abläuft. Die Treffen mit Freunden, das Training im Sportverein, die wöchentlichen Proben der Musikgruppe. Es sind viele neue Eindrücke, die von nun an unser gesamtes Leben auch außerhalb der Familie beeinflussen und prägen. Wir beginnen im besten Fall, ein autonomes Leben zu führen, und bestehen auf einer gewissen Unabhängigkeit.

Auch für die Eltern ändert sich viel. Vorbei sind die Zeiten, in denen ihre Kinder ihnen mit ihrer kindlichen Mimik und ihrem unschuldigen Lächeln die eine oder andere Freudenträne entlockten. Vorbei die Momente, in denen Sie nur einmal auf liebevolle Weise den Finger heben mussten, um so ein für alle Mal klarzumachen, dass dies oder jenes verboten ist. Vorbei sind auch die Zeiten, in denen Sie mindestens einmal am Tag hörten: „Mami, ich hab dich lieb" oder:

„Papi, ich vermisse dich so." Jetzt möchte niemand mehr kuscheln. Jetzt sind die Eltern auf ganz andere Weise gefordert, vor allem ihre Nerven. Willkommen in der Pubertät!

Erinnern Sie sich noch an Ihre eigene Pubertät? Eine Metamorphose, eine wundersame Verpuppung, an deren Ende man zwar nahezu ausgewachsen, aber eben noch lange nicht erwachsen ist. Neue Prioritäten stehen auf dem „Küchenplan des Lebens". Das „Rezept" wird ergänzt, der „Marinade", in der wir ziehen, werden wieder neue Zutaten beigefügt. Waren bis dato Eltern, Erziehende und Familie der Mittelpunkt, will man sich in diesem Alter, zumindest vorübergehend, von allen Zwängen befreien – vor allem in der zweiten Hälfte der Pubertät. Und wie macht man das? Man protestiert, am besten gegen alles – abgesehen vom erlauchten Kreis derer, mit denen man sich identifiziert, weil sie cool, anders oder besonders sind. Man wird geschlechtsreif, hat völlig neue Bedürfnisse, empfindet körperliche Lust, die Hormone fahren Achterbahn. Pubertierende orientieren sich meist an Gleichaltrigen oder auch Älteren und suchen deren Nähe. Man beginnt, eitler zu werden, legt Wert auf sein Äußeres, entwickelt seinen eigenen, persönlichen Stil, auch wenn man damit unter Umständen bei Lehrern, alten Freunden und vor allem bei der Familie aneckt. Es beginnt die Phase, in der man sich für seine Eltern schämt. „Was? Du willst mich bis vor die Schule fahren? Um Himmels Willen, halte bitte hier an, den Rest laufe ich …" Kommt Ihnen das bekommt vor?

In der Pubertät beginnen Kinder und Jugendliche, das Recht auf Privatsphäre einzufordern, um den eigenen Körper zu erforschen und zu genießen und um den eigenen Freundeskreis zu definieren und zu pflegen, ohne dass Mama oder Papa mehr als die Vornamen der Kumpels oder Freundinnen erfahren. Pubertierende zwischen 10 und 13 Jahren kämpfen dagegen an, noch als Kinder angesehen zu werden, obwohl sie das sogar rechtlich noch sind. Sie fühlen sich innerlich mit ihren neuen Interessen, Sehnsüchten, Wünschen und ihrer Sexualität wie Erwachsene, aber der Körper und auch der Geist sind noch nicht ausreichend gereift. Deshalb kämpfen Jugendliche vor allem gegen sich selbst. Und manche ringen bis ins hohe Alter um ihre sexuelle Identität, ringen mit Vorlieben und Körpergefühl. Nur in den seltensten Fällen ist man in dieser Phase mit sich zufrieden. Am meisten prägt in diesem ersten Pubertätsabschnitt die erweiterte Peergroup, also Freunde, vor allem Ältere, Idole aus den Medien, Sportler, Musiker, Filmstars. Man imitiert deren Verhalten, möchte am liebsten so sein wie sie. Und die Erziehenden? Die können sich in dieser Phase warm anziehen und versuchen, auf sehr subtile Art und Weise ihren Einfluss geltend zu machen. In diesen Jahren sind Eltern vor allem die Versorger, die den Frühjugendlichen ein Heim, Nahrung und Fürsorge bieten. Und das bedeutet sehr viel, denn je mehr sich Jugendliche in dieser Phase sozial (nicht emotional!) abnabeln, desto stolzer können die Eltern sein; sie haben zumindest das meiste richtig gemacht.

Wenn Ihre Kinder in diesem Alter sind und Ihnen noch ab und zu Persönliches anvertrauen, können Sie sich ebenfalls überglücklich schätzen. Das Beste, was Sie als Eltern tun können, ist, Ihren Kindern zu signalisieren, dass Sie für sie da sind – im Idealfall mit dem Nachsatz: „Egal, was passiert." Natürlich ist es in dieser Phase auch wichtig, korrigierend einzugreifen, sollten die Eskapaden der Sprösslinge zu destruktiv werden. Versuchen Sie, wenigstens erzieherisch das Ruder in der Hand zu behalten, um nicht zweifelhafte „Neu-Idole" die Rolle des Steuermanns im Leben Ihrer Kinder spielen zu lassen. Behaupten Sie Ihre Stellung, aber nicht mit Druck und Drohung, sondern mit wachsender Kollegialität, Beratung und Toleranz für den eigenen Lebensweg Ihres Kindes. Im Zweifelsfall hilft ein offenes Ohr mehr als ein erhobener Zeigefinger. Das ist zwar ein bisschen schwieriger als Anbrüllen und andere drastische Maßnahmen, aber am Ende werden sich Ihre Kinder dann auch mit Ihnen beschäftigen, wenn sie es nicht mehr müssen. Und das wäre doch schön, oder? Gelingt Ihnen die Gratwanderung zwischen autoritärer und antiautoritärer Erziehung auch in dieser Phase, wird in den meisten Fällen alles gutgehen.

Aber noch ist es nicht vorüber.

Im Alter von etwa 12 bis 20 Jahren findet die *fünfte Phase unserer Entwicklung* statt, in der sich Identität oder Identitätskonfusion herausbildet.

Pubertierende entfernen sich vom Vorbild der Eltern und der Familie, um sich in einer neuen Umgebung auszuprobieren, in der Welt der Jugendlichen. Man versucht, den „autoritären Fängen" der Erziehenden zu entkommen und seinen eigenen „Groove" zu finden. In der zweiten Hälfte der Pubertät kommt man dem Ziel, das Leben eines Erwachsenen zu führen, immer näher. Man ist nun nicht mehr Kind, sondern Jugendlicher.

Gegen Ende dieser Phase machen die meisten Jugendlichen bereits erste sexuelle Erfahrungen. Manche beenden in dieser Zeit ihre schulische Karriere und begeben sich ins Berufsleben, wo sie mit ganz neuen Rechten und Pflichten als Auszubildender und Arbeitnehmer konfrontiert werden. Man kann häufig beobachten, wie unterschiedlich Jugendliche in diesem Alter sind. Die einen sind recht selbstständig, andere dagegen sind noch mehr Kind und haben es auch mit den ersten sexuellen Erfahrungen nicht so eilig.

Eltern spielen in diesem Altersabschnitt hinsichtlich der Prägung eher die zweite Geige; sie sind mehr Chorstimmen als Dirigenten. Doch in vielen Fällen stellen die Erziehenden noch die solide Basis dar, den ruhigen Hafen, in den man nach wie vor jederzeit einfahren kann, wenn man Hilfe und Rat braucht.

Egal, ob frühreif oder nicht, man hat sich in der zweiten Hälfte der Pubertät bereits seinen eigenen Freundes- und Bekanntenkreis geschaffen, steckt bewusst und auch nach außen hin spürbar seine Grenzen zu Freunden, Kollegen und Familie ab und hat eigene gedankliche Standpunkte entwickelt, die man zu verteidigen versucht. Es ist leider mittlerweile schwer, exakt zu sagen, in welcher der acht Prägungsphasen Kinder oder Jugendliche die ersten Erfahrungen mit Alkohol oder Drogen machen; ein sehr heikles Thema, das man aber – wie Sex – nicht tabuisieren muss. Gerade Jugendliche, die kein echtes Zugehörigkeitsgefühl zur eigenen Familie entwickelt haben oder in einer sehr instabilen häuslichen Umgebung aufwuchsen, wo unter Umständen Strenge, Gewalt und ein Mangel an Liebe und Fürsorge an der Tagesordnung waren, sind eher zugänglich für Betäubungsmittel oder exzessiven Umgang mit Alkohol, um für eine gewisse Zeit in eine andere Welt abzugleiten oder das eigene Schicksal zeitlich begrenzt zu vergessen.

Ab dem 16. Lebensjahr ist man als Jugendlicher auf Kurs ins Erwachsenenleben. Manche haben oder hatten bereits ernsthafte Beziehungen, einige stehen im Berufsleben und haben unter Umständen bereits das Elternhaus verlassen. Wieder andere lassen sich mit dem Erwachsenwerden Zeit und genießen die Vorzüge des elterlichen Nests. Die Gepflogenheiten in der Erziehung sind natürlich auch sehr unterschiedlich. Haben die einen nahezu alle Freiheiten, was Ausgehen,

Sexualität und schulische Laufbahn angeht, sind andere dagegen immer noch einem deutlichen Diktat unterworfen, getreu dem Motto: „Solange du deine Füße unter meinen Tisch streckst …" Interessant zu beobachten ist, dass junge Erwachsene während dieser Pubertätsphase nun auch vermehrt wieder die Erziehenden, Eltern oder andere Familienmitglieder als Vorbilder heranziehen (sowohl in negativer als auch in positiver Hinsicht), was beispielsweise Karriere, Ausbildung und Beziehung betrifft. Sie haben nicht länger diese „Alles-was-meine-Eltern-sagen-ist-Sch…"-Haltung, sind objektiver und offener für Meinungen und Ratschläge der eigenen (Kern-)Familie.

Am Ende möchte ich Ihnen noch vier Fragen mitgeben:

- Was ist Ihre früheste Kindheitserinnerung? Und warum erinnern Sie die?
- Wie haben Sie sich mit 14 Jahren Ihr Leben als Erwachsener vorgestellt?
- Welche drei Menschen haben Sie am meisten geprägt?
- Wie stellen Sie sich Ihr Älterwerden vor?

Von Anfang an

In den ersten drei Lebensjahren werden entscheidende Weichen gestellt, die später oft auch darüber entscheiden, ob wir an schweren Erlebnissen zerbrechen oder wachsen.

Die Entwicklungspsychologie hat beobachtet, dass Kinder, die in diesen ersten Jahren in Liebe aufwachsen, drei besondere Fähigkeiten entwickeln. Sie haben Urvertrauen in sich und die Welt. Das ist die Grundlage für Optimismus und Hoffnung. Sie wissen um ihre Bestimmung und entwickeln Initiative. Und sie haben das gute Gefühl, etwas zu können (die Psychologie spricht von der Wirkmacht). Letztendlich steht dies alles für Lebensmut, für Sinn.

Wer in diesen ersten zehn Jahren in seiner Entwicklung jedoch erheblich gestört wird, zum Beispiel durch Vernachlässigung oder Überversorgung, entwickelt gegenteilige Gefühle. Urmisstrauen, Scham, Schuld und das Gefühl, nichts zu können und zu nichts nutze zu sein, machen sich breit. Lebensmut verkümmert. Oftmals können solche Kinder in ihrem späteren Leben keinen Sinn empfinden. Oder beide Fähigkeiten – Lebensmut und Sinn – sind in ihrer Ausprägung erheblich geschwächt.

Zum Glück haben wir dann in der Regel noch viele Jahrzehnte Zeit, um unsere Entwicklungslücken auszugleichen. Aber je nachdem, was wir in unserer frühen Kindheit erfahren haben, starten wir mit sehr unterschiedlichen Voraussetzungen ins Leben. Und bei Weitem nicht jedem ist das Glück beschieden, „von Haus aus" mit viel Lebensmut und Sinn ausgestattet worden zu sein.

Wenn die Entwicklungspsychologie recht hat – und es deutet vieles darauf hin –, wie stellen wir dann sicher, dass uns der Lebenssinn und der Mut, den wir zum Leben haben, nicht abhandenkommt? Und wenn es geschieht, wie finden wir ihn wieder? Wie finden wir ihn, wenn wir ihn heute nicht spüren? Wie werden wir stärker? Wie entsteht uns mehr Mut zum Leben?

Vor etwa fünf Jahren schwappte eine eigentlich gar nicht mehr so neue Disziplin der Psychologie nach Deutschland: die Resilienzforschung. Entstanden ist dieser Wissenschaftszweig bereits in den siebziger Jahren des letzten Jahrhunderts.

Resilienz (englisch: *resilience*) bedeutet „Widerstandsfähigkeit". Es geht darum zu erforschen, wie Resilienz, also Widerstandsfähigkeit, der Psyche zustande kommt. Was macht die Seele stark? Warum zerbrechen die einen, wo andere noch nicht einmal zucken? Was unterscheidet sie voneinander? Und wie kann man das, was widerstandsfähig macht, allen Menschen – schon im Kindesalter – zuteilwerden lassen?

Das sind wichtige Fragen. Und man hat Antworten gefunden.

Die berühmte „Kauai-Studie" gilt als Pionierstudie

der Resilienzforschung und wurde von der amerikanischen Psychologin Emmy Werner 1971 veröffentlicht.

Kauai ist eine der hawaiianischen Inseln. Und weil Kauaianer so gut wie nie umziehen, eignete sich die Insel perfekt für eine Längsschnittstudie. Über 40 Jahre lang beobachtete Emmy Werner fast 700 Kinder (und später Erwachsene). 200 dieser Kinder kamen aus sozial schwachen, oft sehr armen Familien, die geprägt waren von Alkoholismus, abwesenden Eltern, Kriminalität, Missbrauch usw.

Emmy Werner fand Erstaunliches heraus: Zwei Drittel der „Problemkinder" erfüllen die landläufige Erwartung und entwickeln sich ebenfalls problematisch. Werden selbst drogenabhängig, straffällig, gewalttätig oder anders auffällig.

Aber ein Drittel aller Kinder aus schwierigen Familien entwickeln sich prächtig. Sie absolvieren solide Ausbildungen, haben beruflichen Erfolg, gesunde Beziehungen und führen ein stabiles Leben. Oft ein noch „stabileres", als es die Kinder aus gut funktionierenden Familien realisieren können.

Ein Drittel der Kinder hatten die Widrigkeiten ihres Lebens nicht verkümmern lassen.

Diese Kinder waren resilient.

Aber warum?

Das Hauptmerkmal der resilienten Kinder war, dass sie zumindest einen Menschen in ihrem Leben hatten, der sie mit positiven Botschaften versorgte.

Einen Vater, der sie liebte, eine Großmutter, die gütig war, einen Lehrer, der an sie glaubte, oder eine Trainerin, die ihnen etwas zutraute.

Ein Mensch genügt! Das ist die wichtigste Botschaft der Resilienzforschung.

Widerstandsfähig sein

Faktoren, die Resilienz – Widerstandsfähigkeit – fördern, sind neben Familie, schulischer Umgebung und sozialer Kultur *kognitive und emotionale Intelligenz*. Der Kopf ist wichtig, aber eben auch das *Herz*. Man kann auch ohne Abitur stark durchs Leben gehen!

Resiliente Menschen haben meist ganz besondere Fähigkeiten. Sie können Probleme aktiv angehen. Sie sind in der Lage, sich unter Druck und in Risikosituationen gut anzupassen. Unter Stress bringen sie oft die gleiche Leistung wie ohne Stress. Nach Misserfolgen oder sogar einem schweren Trauma sind sie in der Lage, sich davon wirklich zu erholen.

So sieht eine Stärke aus, die wir alle in uns tragen, wenn wir unser Leben bisher überlebt haben. Und das haben wir. Ganz offensichtlich.

Es ist nicht schwer zu sehen, wie wichtig es ist, schon Kindern diese Fähigkeiten mitzugeben. Sie resilient zu machen.

Sich selbst lieben

Das klingt einfach. Ist es aber nicht. Wir brauchen
den anderen, ein Gegenüber, das unser Wesen durch
seine Annahme spiegelt. Die Liebe, die mir entgegen-
gebracht wird, und die Sympathie, die mir aus den
Augen des anderen entgegenblickt, helfen mir dabei,
die Liebe zu mir selbst zu entwickeln.

Anders sind positive Selbstliebe und Selbstvertrauen nicht zu erreichen. Wir können uns nicht
selbst heilen und wir werden auch nicht von uns
selbst aus mutig. Es muss uns zuvor wenigstens *eine
Person* vermittelt haben: „Du bist *gut* und du *kannst*
etwas." Oder noch konkreter: „Du kannst dir etwas
zutrauen!" Wir brauchen andere Menschen, die uns
mit Wohlwollen begegnen und uns positive Botschaften über uns senden.

So wird unser Mut-Konto voll und wir können
nach Bedarf davon abheben. *Das* dann auch allein.
Und wir können auch allein gut wirtschaften und
das *Guthaben* auf unserem Mut-Konto gewinnbrin-
gend anlegen. Aber die *Einzahlung* wird zunächst von
außen getätigt. Und leider haben manche Menschen
ganz wenig überwiesen bekommen.

Ein wesentlicher Vorteil, den wir als Erwachsene
gegenüber Kindern haben, ist, dass wir unser Umfeld
aktiv gestalten können. Wir können beeinflussen, mit
wem wir uns umgeben. Und wer uns mit welchen Botschaften versorgt. Wir können Beziehungen, die uns

klein- und krank machen, beenden und stärkende Beziehungen suchen und sie vertiefen. So haben wir einen klaren Einfluss auf die Einzahlungen auf unser Mut-Konto.

Gut mit dem eigenen Körper umgehen

Es ist nicht schwer, sich selbst zu pflegen. Man muss dafür keine Übernachtungen in teuren Wellnesshotels buchen oder in Kur gehen. Jeden Tag können wir uns darum kümmern, dass es uns gutgeht. Dazu muss man nur die Zehn Gebote des fürsorglichen Umgangs mit sich selbst beachten. Sie sind die beste Waffe gehen Stress:

1. Genießen Sie jede Pause, als sei sie Ihre letzte!
2. Investieren Sie viel in Beziehungen, die Ihnen guttun. Und beenden Sie die anderen!
3. Nehmen Sie gesunde Nahrung zu sich. Und genießen Sie manchmal auch Ungesundes!
4. Seien Sie offen für neue Erfahrungen. Auch wenn Sie zunächst zögern.
5. Feiern Sie Ihre Erfolge und belohnen Sie sich. Gehen Sie shoppen!
6. Strukturieren Sie Ihre Arbeit: Setzen Sie Prioritäten, tun Sie, was wichtig ist, und lassen Sie den Rest!
7. Sagen Sie jeden Tag einmal Nein. Ein Nein am Tag erspart den Psychologen!

8. Bewegen Sie sich. Gehen, laufen, heben, drücken Sie. Jeden Tag!
9. Legen Sie sich hin. Fahren Sie herunter. Setzen Sie sich. Schlafen Sie!
10. Genießen Sie Ihr Leben, die Zeit, die Sie mit netten Menschen verbringen, und die Tatsache, dass Sie da sind. Tun Sie schöne Dinge mit Lust. Und tun Sie das, was Sie darüber hinaus noch tun müssen, einfach nur.

Leider haben viele Menschen verlernt, wie man richtig eine Pause macht. Seit vielen Jahren veranstalte ich Seminare mit Expertenteams aus Ärzten, Psychologen, Physiotherapeuten und Ernährungswissenschaftlern. Dabei versuchen wir, den Teilnehmern die Grundlagen einer gesunden Pause in Erinnerung zu rufen.

Die Kunst der Pause

1. Work out!

Beginnen Sie Ihren Tag mit körperlicher Betätigung. Man muss dafür nicht ins Fitnessstudio rennen oder morgens um 6 Uhr noch schnell vor der Arbeit joggen. Viele Manager parken zum Beispiel ihr Auto jeden Tag ein paar Straßen von der Arbeitsstelle entfernt, sodass sie noch 15 bis 30 Minuten gehen müssen, bis sie dann den ganzen Tag sitzen. Wenn Sie dann noch die Treppe statt des Aufzugs nehmen und zur Mittagspause um den Block gehen, haben Sie schon richtig viel getan.

2. Genießen Sie Ihr Essen!
Ein leckeres Mittagessen mit netten Menschen lässt diese Mahlzeit zu einer wirklichen Pause werden. Eine Kurzflucht aus dem Alltag und eine tolle Tankstelle für Körper und Geist. Vermeiden Sie, zu viel, zu schwer oder zu schnell zu essen.

3. Atmen Sie durch!
Halten Sie während der Arbeitszeit immer wieder einmal einen Moment inne. Vergegenwärtigen Sie sich, was Sie heute bereits alles geschafft haben. Erfreuen Sie sich daran. Ein netter Nebeneffekt: Ihr Überblick nimmt zu und die Arbeit wird dadurch strukturierter.

4. Schauen Sie sich um!
Gehen Sie zum Fenster und schauen Sie hinaus. Sehen Sie sich die Umgebung an, beobachten Sie die Menschen, Pflanzen oder Architekturlinien, als hätten Sie sie noch nie zuvor gesehen. Atmen Sie tief ein und schauen Sie noch genauer hin. Entdecken Sie neue Details. Wie viel können Sie sehen? Drei Minuten reichen.

5. Trinken Sie etwas!

Trinken Sie in jeder Pause ein, zwei Gläser frisches, kühles Wasser. Lassen Sie auf der Toilette kaltes oder warmes Wasser über Ihre Handgelenke laufen und genießen Sie den stimulierenden Effekt.

6. Entspannen Sie Ihre Muskeln!

Spannen Sie Ihre Muskeln erst an und entspannen Sie sie danach langsam. Sie können bei Ihren Händen starten. Machen Sie eine Faust, halten Sie die Spannung ein paar Sekunden, und lassen Sie dann langsam locker. Dann die Schultern: hochziehen und anspannen, halten, langsam fallen lassen. Das macht frisch.

7. Nehmen Sie Ihren Körper bewusst wahr!

Der Körperscan ist eine hervorragende Entspannungsmethode. Setzen oder stellen Sie sich aufrecht hin und atmen Sie regelmäßig. Beginnen Sie dann mit Ihrer inneren Aufmerksamkeit beim linken großen Zeh, und versuchen Sie zu erspüren, wie es sich da in Ihrem Körper anfühlt. Nur wahrnehmen, nicht bewerten. Gehen Sie danach zu den kleinen Zehen und zur Fußsohle über, dann zu den Waden, Oberschenkelrückseiten, Gesäß, Rücken, Kopf, Stirn, Gesicht, Schultern, Armen, Händen, Fingern, Bauch, Genitalbereich, Oberschenkelvorderseiten, Schienbeine und dann wieder zurück zu Fuß, Fußsohle und am Ende der rechte große Zeh. Alles besucht und gespürt? Dann kann es weitergehen. Dauer 10 bis 15 Minuten.

8. Hängen Sie Tagträumen nach!

Den Gedanken freien Lauf zu lassen und Szenarien zu erträumen („Wenn ich im Lotto gewinnen würde…") tut gut und entspannt. Tagträume sind eine wichtige „Aufladefunktion" der Seele. Kostenlose Kurzurlaube. Gestatten Sie sich also immer wieder einmal, für 5 Minuten in Gedanken auf Reise zu gehen. Sie können ja Ihren Handyalarm einstellen, damit Sie nicht auf die Zeit achten müssen.

9. Nehmen Sie bewusst wahr!

Was der Körperscan und das aufmerksame Umschauen leisten, kann die Bewusstseinsübung ergänzen. Konzentrieren Sie sich eine Minute lang auf das, was Sie sehen: Farben, Strukturen, Dinge etc. Danach eine Minute auf das, was Sie hören: PC-Lüfter, Vögel, Autos, Personen etc. Nehmen Sie nun Gerüche eine Minute lang wahr, und ertasten Sie danach blind die Dinge, die in Ihrer Reichweite sind. In ein paar Minuten haben Sie damit alle Sinne genutzt und geschärft. Eine tolle Entspannungsübung.

10. Machen Sie fünf Minuten lang gar nichts!

Einfacher geht es wirklich nicht…

Über-Regel Nr. 11

Greifen Sie sich erst einmal irgendeinen Punkt aus der obigen Liste heraus, der Sie am meisten interessiert, und versuchen Sie, ihn umzusetzen. Wenn es Ihnen

„schmeckt" und regelmäßig klappt, gehen Sie zum nächsten über. Jeder Schritt ist eine Verbesserung.

Die richtige Ernährung

„Sag mir, wie du isst, und ich sage dir, wie gesund du bist."

Immer Frühstücken!
Ich bin kein Frühstücksmensch. Eigentlich genügen mir zwei Tassen schwarzer Kaffee, um morgens wach zu werden. Aber wenn ich „brav" bin, drücke ich mir wenigstens eine Banane rein. Dann überfällt mich der Heißhunger tagsüber nicht so stark, und ich schaffe es, die Finger von den billigen Keksen zu lassen, die bei jeder Besprechung auf dem Tisch stehen.

Keine Fertiggerichte!
Das fängt beim belegten Billigbäckerbrötchen an und hört bei der Bauernpfanne mit Hähnchen im Tiefkühlfach auf. Nicht nur, dass dort die billigsten Zutaten verarbeitet wurden; es wimmelt dort auch von Ersatzstoffen, Geschmacksverstärkern, schlechten Fetten, Zucker und Salzen, die uns einfach nicht guttun. Um ein Bild zu gebrauchen: „Je näher am Baum oder am Feld" wir essen, desto bekömmlicher und gesünder ist es.

Trinken!

Wenn ich ehrlich bin, nervt mich das dauernde Getrinke einiger Leute. Und ich bin auch niemand, der zu Beginn eines halbstündigen Spaziergangs noch einmal schnell ins Haus zurückläuft, um seine Wasserflasche zu holen, weil er Angst hat, er könne verdursten. Aber drei Liter Flüssigkeit am Tag – am besten Wasser – sollte man schon zu sich nehmen. Dann verbrennt der Körper auch besser. Umgerechnet sind das fünfzehn Gläser. Das krieg ich hin. Tee und Kaffee zählen ja auch.

Keine Kalorien trinken!

Cola, Apfelsaft & Co. haben gleich immer mehrere Hundert Kalorien pro Glas. Ich weiß ja nicht, wie es Ihnen geht, aber ich esse diese Kalorien lieber, als sie nebenbei beim Trinken zu bunkern. Deshalb macht es Sinn, süße Getränke ohne Kalorien zu bevorzugen. Und wenn Sie sich auch die ganze Chemie darin sparen wollen, trinken Sie einfach Wasser. Das können Sie dann auch mit einem guten Schuss Fruchtsaft aufpeppen.

Bedürftigkeits-Check

Vor jeder Nahrungsaufnahme sollten wir versorgungsverwöhnten Großstädter des 21. Jahrhunderts fragen: „Brauche ich das jetzt wirklich?" und: „Tut mir das jetzt gut?" Wenn ich beide Fragen mit Ja beantwortet habe, kann ich herzhaft und mit voller Lust zubeißen. Wenn nicht, tut es zwar vielleicht weh, darauf zu verzichten, besser ist es aber dennoch.

Alkohol ist Fett

Ein Gramm Alkohol hat genauso viele Kalorien wie ein Gramm Fett. 1 Liter Riesling mit 10 Vol. % enthält beispielsweise 100 ml reinen Alkohol und ist kalorientechnisch mit 100 Gramm Fett vergleichbar. Das heißt, pro Glas Wein oder Bier können Sie sich gut und gerne ein paar Löffel Butter in den Mund schieben. Also vielleicht manchmal doch lieber zum Wasser greifen?

Auf die Nüsse!

Nüsse sind hervorragende Snacks. Zwar haben sie viele Kalorien, aber dafür sehr gesunde Fette. Beispielsweise macht eine kleine Handvoll Mandeln zwischendurch satt und versorgt uns mit ungesättigten Fettsäuren, die wir nicht selbst produzieren können. Für die Zellbildung und die Erneuerung von Zellwänden werden solche Fettsäuren täglich gebraucht. Die gesunden Fette in Nüssen helfen, den Cholesterinspiegel zu senken, und schützen so die Arterien vor Arteriosklerose.

Bunte Früchte

Je bunter Obst und Gemüse sind, desto gesünder sind sie. Die Farbstoffe der Früchte enthalten Antioxidantien, die der Zellalterung und -zerstörung entgegenwirken. Zwar wird man mit buntem Obst keinen Krebs heilen oder ewig jung bleiben können, aber je mehr Antioxidantien in unserem Blut vorhanden sind, desto mehr freie Radikale werden gebunden. Und die lassen uns buchstäblich alt aussehen. Also zugreifen!

Kaum Käse und Wurst

Vegetarier leben nicht notwendigerweise gesünder. Aber trotzdem gilt: Käse und Wurst sind sehr fett und enthalten zudem die schlechten Fette, die unser Körper ohnehin selbst produzieren kann. Die brauchen wir von außen also nicht zuzuführen. Eine leckere Currywurst hat beispielsweise rund dreimal so viel Fett wie dieselbe Menge Rindersteak.

Hau rein – aber nicht zwischendurch

Wir leben in Überversorgung und müssen nicht wie unsere Neandertaler-Vorfahren jede sich uns bietende Gelegenheit zur Nahrungsaufnahme nutzen. Ein Streuselteilchen mit Zuckerguss beispielsweise, das ich mir nachmittags im Vorbeigehen beim Bäcker um die Ecke kaufe, hat manchmal je nach Zutaten bis zu 2.000 Kalorien. Das entspricht zwei Pizzen. Und zwei Stunden danach hat man wieder Hunger. Dann schon lieber gleich eine Pizza zum Kaffee. Dann habe ich abends noch eine gut.

Sich vernünftig bewegen

Auch wenn wir es manchmal nicht hören wollen, es stimmt leider: Sport hält jung und fit. Wenn man regelmäßig Sport treibt, fühlt man sich besser, sieht besser aus, ist belastbarer und geht fitter durchs Leben. Wenn Sie sich also bereits sportlich betätigen oder überlegen, mehr zu tun als bisher, macht es großen Sinn, gängige Fehler zu vermeiden. Die Deutsche Gesellschaft für Sportmedizin und Prävention rät zur Einhaltung einiger Regeln.*

1. Machen Sie vor dem Sport einen Gesundheitscheck

Dies gilt besonders für Anfänger und Wiedereinsteiger über 35 Jahre, bei Vorerkrankungen oder Beschwerden oder wenn Risikofaktoren vorliegen, zum Beispiel: Rauchen, Bluthochdruck, erhöhte Blutfettwerte, Diabetes, Bewegungsmangel, Übergewicht. Wenn einer dieser Faktoren auf Sie zutrifft, sollten Sie auf jeden Fall zuerst Ihren Hausarzt aufsuchen, bevor Sie sich für eine Sportart entscheiden und das Training aufnehmen.

* Deutsche Gesellschaft für Sportmedizin und Prävention (Deutscher Sportärztebund) e.V.; www.dgsp.de

2. Beginnen Sie mit Augenmaß und legen Sie die Trainingsintensität fest

Beginnen Sie langsam und steigern Sie die Belastung kontinuierlich in Bezug auf Intensität, Häufigkeit und Dauer. Trainieren Sie möglichst unter Anleitung, zum Beispiel in einem Verein, Lauftreff oder in einem Fitnessstudio. Holen Sie sich Informationen beim Landessportbund oder dem Sportärztebund. Fast alle Verbände haben eine eigene Homepage.

Betreiben Sie regelmäßig Sport, möglichst drei- bis viermal in der Woche für jeweils 20 bis 40 Minuten.

3. Vermeiden Sie eine Überbelastung

Nach dem Sport sollten Sie „angenehm erschöpft" sein, aber nicht „völlig platt". Sport soll Spaß machen und keine Qualen bereiten. Laufen Sie ohne (starkes) Schnaufen. Besser ist es, „länger und locker" als „kurz und heftig" unterwegs zu sein. Eventuell sollten Sie mit Ihrem Arzt einen für Sie idealen „Trainingspuls" abstimmen.

4. Stellen Sie nach der Belastung ausreichende Erholung sicher

Achten Sie darauf, dass Sie nach dem Sport immer eine Erholungspause einlegen. Sie brauchen die Zeit für die Erholung und auch regelmäßig ausreichend Schlaf, um fit zu bleiben. Nach einem intensiven Training sollten Sie immer wieder auch „lockere" Trainingseinheiten einplanen.

5. Legen Sie bei Erkältung und Krankheit eine Sportpause ein

Wenn Sie krank sind, müssen Sie auf jeden Fall eine längere Pause einlegen, bis Sie sich wieder besser bzw. gesund fühlen. Bei „Husten, Schnupfen, Heiserkeit", Fieber oder Gliederschmerzen, Grippe oder sonstigen akuten Erkrankungen ist Ausruhen angesagt. Und anschließend sollten Sie erst allmählich wieder das Training aufnehmen und sich langsam steigern. Im Zweifelsfall ist es immer besser, einen Arzt nach seiner Empfehlung zu fragen.

6. Beugen Sie Verletzungen vor bzw. lassen Sie diese ausheilen

Vor dem Sport sollten Sie sich immer aufwärmen und die Muskulatur dehnen, um Verletzungen zu vermeiden. Wenn Sie sich dennoch eine Verletzung zuziehen, sollten Sie berücksichtigen, dass diese Zeit zum Ausheilen braucht. Es ist besser, vorübergehend eine andere Betätigung oder Sportart zu suchen, als die Heilung zu beeinträchtigen.

Schmerzen sind immer Warnzeichen des Körpers. Deshalb sollten Sie sich keine Spritzen geben lassen, um wieder fit zu werden. Auch hier gilt, dass es immer sinnvoll ist, einen Arzt zu Rate zu ziehen, wenn man sich selbst nicht sicher ist, was „dran" ist.

7. Passen Sie Ihre sportliche Betätigung an Klima und Umgebung an

Bei Hitze sollten Sie die Trainingszeit reduzieren und ausreichend trinken. Trainieren Sie in großer Höhe, ist Ihre Belastbarkeit automatisch geringer. Sie brauchen mehr Flüssigkeit und entsprechende Bekleidung, die den Anforderungen gerecht wird. Bei hoher Luftbelastung durch Schadstoffe oder Ozon empfiehlt es sich, am Morgen oder Abend Sport zu treiben und die Trainingszeiten zu reduzieren. Die Bekleidung sollte auch grundsätzlich Sportart und Witterung angemessen und funktionell sein. Modische Aspekte sind nett, aber nicht wichtig. Bei Kälte benötigen Sie warme, windabweisende Kleidung, die gleichzeitig durchlässig für Feuchtigkeit (Schweiß) ist.

8. Achten Sie auf richtige Ernährung und ausreichende Flüssigkeitszufuhr

Eine gesunde Ernährung gehört dazu: kohlenhydrat- und ballaststoffreich, fettarm („südländische Kost"), Kalorien dem Körpergewicht angepasst (bei Übergewicht weniger Kalorien). Flüssigkeitsverlust sollten Sie nach dem Sport durch mineralhaltiges Wasser ausgleichen und bei Hitze immer mehr trinken.

9. Passen Sie Sport an Alter und Medikamente an

Sport ist auch im Alter sinnvoll und notwendig. Natürlich müssen Sie gut darauf achten, was für Sie gerade „dran" ist. Sport im Alter sollte vielseitig sein und

Ausdauer, Kraft, Beweglichkeit und Koordination gleichermaßen fördern. Medikamente sowie deren Einnahmezeitpunkt und Dosis müssen der Sportart angepasst werden. Im Vorfeld sollte dies unbedingt mit einem Arzt abgestimmt werden.

10. Sport soll Spaß machen

Das ist der vielleicht wichtigste Punkt: „Auch die Seele lacht beim Sport." Bewegung, Spiel und Sport sind Vergnügen. Sport muss Ihnen Spaß machen, damit Sie auf Dauer am Ball bleiben. Sie könnten auch darüber nachdenken, von Zeit zu Zeit einer anderen Sportart nachzugehen, denn Abwechslung tut gut. Mehr Spaß macht es erfahrungsgemäß meist in der Gruppe oder im Verein.

Und regelmäßig Sport zu treiben ist gar nicht so schwer; Sie können die sportliche Betätigung auch in den ganz gewöhnlichen Alltag einflechten: Nehmen Sie die Treppe und nicht den Aufzug. Gehen Sie immer zu Fuß zum Briefkasten. Und auch schnelles Gehen (Walking) ist Sport!

Noch ein Hinweis zum Abschluss: Fällt Ihnen der gewohnte Sport plötzlich schwer, sollten Sie an eine Erkrankung denken. Eine regelmäßige, auch sportärztliche, Vorsorgeuntersuchung hilft, Schäden zu vermeiden.

Psychische Gesundheit

Wann ist jemand eigentlich gesund? Und was ist überhaupt psychische Gesundheit? Die englische Sozialpsychologin Marie Jahoda hat 1958 sechs Charakteristika für Menschen mit „idealer geistiger Gesundheit" formuliert:

1. funktionierende Selbstwahrnehmung
2. realistisches Selbstbewusstsein und Selbstakzeptanz
3. bewusste Verhaltenskontrolle
4. adäquate Wahrnehmung der Umwelt
5. Aufrechterhaltung von Beziehungen und Geben von Zuneigung
6. Selbstbestimmung und Produktivität

Funktionierende Selbstwahrnehmung bedeutet, dass mein Bild von mir selbst mit dem Bild, das meine (wohlmeinende) Umwelt von mir hat, eine möglichst große Schnittmenge bildet. Menschen, die beispielsweise an Essstörungen leiden, haben keine funktionierende Selbstwahrnehmung. Sie nehmen sich oft viel unattraktiver und/oder wesentlich dicker wahr, als sie es in Wirklichkeit und in den Augen der meisten anderen sind. Auch Talente und Fähigkeiten, die wir besitzen, nehmen wir oft nicht in vollem Maße wahr.

Man hält sich für äußerst mittelmäßig, unattraktiv, schmutzig, böse, dumm oder faul – und setzt oft einfach völlig überzogene Maßstäbe an. Aber auch das Gegenteil schmälert psychische Gesundheit: Wer meint, er sei besser, schöner, attraktiver, begabter oder würdiger, als es die Realität oder die Einschätzung der Umwelt hergibt, dessen Selbstwahrnehmung ist ebenso eingeschränkt.

Realistisches Selbstbewusstsein und Selbstakzeptanz bedeuten, dass ich realistisch einzuschätzen weiß, wer ich bin, was ich kann und was ich will – und dass es mir damit gut geht. Das umfasst auch meine Grenzen, also das, was ich *nicht* bin, kann und will. Erst wenn ich mich erstens kenne und zweitens so annehme und akzeptiere, kann ich psychisch völlig gesund sein. In dem Maß, in dem dies nicht gegeben ist, nimmt meine Gesundheit ab. Und hier sieht man bereits deutlich, wie sehr psychische Gesundheit – und das gilt auch für die körperliche – im Fluss ist.

Unser Selbstbewusstsein und unsere Selbstannahme variieren durchaus. Beides hängt immer auch von unserem Umfeld und der Lebenssituation ab. Manche Situationen können einen Menschen psychisch krank machen, weil sie keine Selbstakzeptanz ermöglichen. Dies ist beispielsweise dann der Fall, wenn mir mein Partner vermittelt, dass ich unattraktiv oder unwert bin. Wenn ich Kollegen habe, die mich mobben oder ignorieren. Oder wenn Eltern einem Kind vermitteln, dass es fehl am Platz oder eine Belastung ist. Wie soll man sich selbst akzeptieren und annehmen, wenn wichtige Bezugspersonen einen ablehnen?

Aber auch hier gilt umgekehrt dasselbe: Es gibt Menschen, die ein unrealistisch überzogenes Selbstbewusstsein haben. Die Freakshows von „Deutschland sucht den Superstar" & Co. sind voll von ihnen. Beteiligte halten sich für Stars, weil ihre Umwelt (Eltern, Freunde, Bekannte) es ihnen vermitteln. Aber sie können nicht wirklich singen, haben offenbar kein realistisches Selbstbewusstsein und akzeptieren ihre Grenzen nicht. Volle psychische Gesundheit sieht anders aus und man muss hier meines Erachtens wohl zumindest von eingeschränkter psychischer Gesundheit sprechen.

Bewusste Verhaltenskontrolle bedeutet, dass ich weitgehend entscheiden kann, wie ich mich verhalte, und dass „es" (was auch immer dieses „es" ist) nicht „einfach passiert". Wer ausrastet, explodiert, losheult, abhaut oder Ähnliches, weiß, wie es ist, wenn man die bewusste Verhaltenskontrolle verliert. In solchen Situationen läuft dann „von sich aus" ein Programm ab, ohne dass wir es steuern können. Menschen, die etwa an einer Neurose oder, schlimmer noch, an einer Psychose leiden, ist die bewusste Verhaltenskontrolle fast völlig entglitten. Mit ihnen gehen quasi ständig die Pferde durch.

Man trifft Menschen mit derart starken Störungen demnach auch vornehmlich in geschlossenen Anstalten. In milderer Form begegnen sie uns aber jeden Tag – in Form des cholerischen Chefs, im Streit oder in jeglicher Art von Suchtverhalten.

Adäquate Wahrnehmung der Umwelt bedeutet – ähnlich wie funktionierende Selbstwahrnehmung nach innen –, dass ich die Umwelt möglichst so wahrnehme, wie sie ist bzw. wie sie von der überwiegenden Mehrheit wahrgenommen wird. Denn es geht ja nicht um Wirklichkeit, sondern um adäquate Wahrnehmung. Also das, was „passt".

Als Galileo davon berichtete, dass sich nicht die Sonne um die Erde, sondern die Erde um die Sonne drehe, hatte er zwar recht, doch seine Erkenntnisse „passten" damals nicht. Sie waren nicht adäquat. Man verurteilte ihn als Ketzer, was durchaus einem „psychisch krank" entsprechen mag.

Wer psychisch gesund ist, nimmt die Umwelt wahr, wie sie der Mehrheitsdefinition nach „ist". Das Beispiel von Galilei zeigt, dass diese Mehrheitsdefinition nicht unbedingt der Wahrheit entsprechen muss. Es gibt Menschen, die die Umwelt beispielsweise sehr viel freundlicher wahrnehmen, als sie ist. Man würde sie „blauäugig" oder „naiv" nennen und ihnen die Fülle ihrer psychischen Gesundheit eher absprechen. Dann gibt es wiederum Menschen, die die Welt feindlicher sehen, als sie ist. Sie bezeichnen wir als „Angsthasen" oder „Skeptiker" – ebenfalls eingeschränkt gesund.

Die gesunde Mitte scheint auch hier erstrebenswert. Oder besser noch: angepasste Flexibilität. Also Skepsis, wenn Skepsis angebracht ist, und Gutgläubigkeit, wenn Vertrauensvorschuss hilft.

Aufrechterhaltung von Beziehungen und Geben von Zuneigung bedeutet, dass man lieben kann. Und zwar richtig. Es bedeutet *nicht*, dass man dem geliebten Anderen nicht auch Grenzen aufzeigen kann, dass es keinen Streit gibt oder Dissonanzen oder Funkstillen. Es bedeutet aber wohl, dass man trotz dieser Widrigkeiten die Beziehung nicht zerbrechen lässt, sondern sie dennoch aufrechterhält. Selbstverständlich nicht um jeden Preis. Andauernder Missbrauch oder ständige Missachtung sind durchaus legitime Gründe, Beziehungen zu beenden. Das zu können ist dann ebenfalls ein Zeichen psychischer Gesundheit.

Aber hier geht es um die Fähigkeit, Zuneigung geben und ausdrücken zu können. Es gibt Menschen, die dies nicht (mehr) können, weil sie im Laufe ihres Lebens immer wieder die Erfahrung gemacht haben, dass auf das Geben von Zuneigung zwangsläufig Verletzung folgt. Es gibt Menschen, die bereits in ihrer Kindheit gelernt haben, dass ihre Eltern nicht in der Lage waren, ihnen Zuneigung zu geben. Und so lernten sie früh, dass ihre Bedürftigkeit nicht gesehen oder gestillt wurde. Da wird es schwer, später selbst Zuneigung zu äußern.

Immer dann, wenn jemand Zuneigung schenkt – gleichgültig, ob an Mensch oder Tier –, ist das ein Zeugnis der eigenen psychischen Gesundheit. Je mehr, desto gesünder.

Selbstbestimmung und Produktivität bedeuten, dass ich einerseits nicht ausschließlich um mich selbst kreise und andererseits nicht die Marionette anderer Herren, also abhängig, bin.

Eine selbstbestimmte Persönlichkeit ist deshalb gesund, weil sie ihre eigenen Entscheidungen trifft und die Verantwortung, die mit jeder Entscheidung einhergeht, übernimmt. Sie sucht keine Schuldigen, um ihre eigenen Fehler durch die Fehlerhaftigkeit anderer kleiner erscheinen zu lassen. Sie handelt aus eigenem Antrieb heraus und vermag nicht nur auf Befehl zu reagieren.

Eine solche Persönlichkeit ist produktiv. Sie bringt von sich aus Ideen, Vorschläge, Handlungen hervor, schafft Neues, bringt andere weitere, gibt Energie ab und setzt sie bei anderen frei. Eine solche Persönlichkeit ist Dynamo und Licht für ihr Umfeld.

Was macht die Seele stark?

Der Sinn, den wir im Leben finden, das *Warum* unseres Daseins, ist die einzige Quelle von Lebensmut. Die Sinnfrage wird jedoch fast jeder unterschiedlich beantworten. Für den einen liegt der Sinn im Leben in der Sorge um seine Familie oder die Verantwortung für seine Kinder. Ein anderer hat das Bedürfnis, sich weiterzuentwickeln, sich selbst zu verwirklichen. Beim Dritten ist es die Liebe eines Menschen, die ihn beglückt und für die er lebt. Ein Künstler oder ein Autor wird es als tiefsten Sinn seines Lebens empfinden, sein Werk zu vollenden. Andere halten ihr Dasein dann für erfüllt, wenn sie besonders intensive Erfahrungen machen. Meist wird eine Kombination aus mehreren Gründen die Antwort auf die Sinnfrage sein.

Aber wie entstehen Sinn und Lebensmut? Wenn wir es nicht schon längst geahnt haben, so wissen wir heute: Die Psyche ist unglaublich stark. So stark, dass unsere Seele die schlimmsten Widrigkeiten des Lebens zu überleben vermag – wenn uns nur ein Mensch eine Zeitlang zur Seite steht. Ein Mensch macht den ganzen Unterschied. Haben Sie solch einen Menschen in Ihrem Leben erfahren dürfen? Wahrscheinlich, sonst säßen Sie heute nicht hier. Und sind Sie ihm dankbar? Und haben Sie es ihm gesagt? Und vielleicht noch wichtiger: Sind Sie selbst für jemanden dieser Mensch?

Gleichgültig, was unserem Leben Bedeutung gibt: Wir alle *brauchen* einen Sinn im Leben. Und je besser wir ihn kennen, desto mutiger sind wir. Mit Sinn sind wir stark.

Viktor Frankl (1905 – 1997) bringt es auf den Punkt, wenn er sagt: „Wir brauchen ein Bewusstsein von unserer Unvertretbarkeit und unserer Unersetzlichkeit." Oder anders gesagt: Wir müssen wissen, dass der Welt etwas ganz Besonderes fehlte, wenn es uns nicht gäbe.

Frankl selbst hat für sich die Sinnfrage in einer ganz besonderen Weise beantwortet. Während des Dritten Reiches wurden er, seine Frau und seine Eltern in das Ghetto Theresienstadt deportiert, da sie Juden waren. Sein Vater starb im Jahr darauf, seine Mutter wurde in der Gaskammer des KZ Auschwitz ermordet, seine Frau starb wiederum im KZ Bergen-Belsen. Er selbst überlebte und verarbeitete seine Erfahrungen in seinem Buch „… trotzdem Ja zum Leben sagen". Schon kurz nach dem Ende des Krieges machte er damit deutlich, dass vor allem Versöhnung einen Ausweg aus all den Katastrophen und Verfolgungen weisen könnte. Dadurch, dass er für sich selbst die Sinnfrage – trotz allem – positiv beantworten konnte, überlebte er all die Grausamkeiten und schrecklichen Erfahrungen.

Alle Religionen machen seit Menschengedenken Sinnangebote. Wer bin ich? Woher komme ich? Wohin gehe ich? Und warum gibt es das Leid? Ausnahmslos Sinnfragen, die wir schlicht deshalb haben, weil wir erleben, dass unser Leben endlich ist. Das Phänomen des Todes und unseres eigenen Sterbens müssen wir ja irgendwie auf die Reihe bekommen. Und wenn man sich nur einmal im eigenen Freundeskreis umhört, sind die Glaubensinhalte darüber, was nach dem Leben passiert, oft immens unterschiedlich. Noch mehr gilt das für die Frage, was eigentlich vor dem Leben war und woher wir kommen. Ebenso bei der Frage nach dem Sinn von Leid, wenn es ihn denn gibt. Antworten auf diese Fragen sind naturgemäß hochindividuell. Und welchem Offenbarungstext man glaubt – der Thora, der Bibel, dem Koran, dem Buch Mormon, dem Pali-Kanon, den Veden, bestimmten Philosophien, Mischkonzepten oder wem auch immer –, bleibt letztlich dem Einzelnen überlassen. Denn wie wir gesehen haben: Jeder wird die Sinnfrage anders beantworten.

Sinn ist an sich amoralisch. Die Moral muss also hinzukommen. Aber die ist ihrerseits ja wiederum abhängig von persönlichem Umfeld und Glaubenssätzen, die wir vermittelt bekommen. Ein Konglomerat aus individuellen Anteilen. Deshalb ist die Fülle der Sinnkonzepte auch so groß. Selbst innerhalb derselben Religion oder politischen Überzeugung. Fragen Sie mal zehn Katholiken, wie Gott ist. Da bekommen Sie mindestens fünf verschiedene Antworten. „Derselbe" Gott? Oder fragen Sie zehn SPDler, was soziale Gerechtigkeit ist. Wahrscheinlich auch mindestens fünf verschiedene Antworten. Und dann fragen Sie mal zehn katholische SPDler, was nach dem Tod kommt … Viel Spaß.

Die Bedeutung von Spiritualität

Ich verstehe mich heute als Psychologe und nicht mehr als Theologe, der ich lange war. Fest steht, dass ich im Laufe meiner Entwicklung sowohl aus der Theologie als auch aus der Psychologie gleichermaßen Weisheiten schöpfen konnte und bewahrt habe, die mir heute in meinem Sein und Glauben als Mensch Substanz und Überzeugung verleihen. Ich besitze eine persönliche Spiritualität. So wie ich im Übrigen glaube, dass jeder Mensch eine ganz persönliche Spiritualität besitzt, eine Glaubensüberzeugung hat. Wenn ich im Folgenden meine inneren Überzeugungen darlege, dann tue ich dies nicht aus Selbstmitteilungsdrang. Im Gegenteil. Spiritualität ist eine höchst persönliche Angelegenheit und somit ist deren Mitteilung immer ein Wagnis der Entblößung. Ich möchte vielmehr meine Glaubenssätze aufzeigen, weil ich davon überzeugt bin, dass die persönliche Spiritualität, also unser jeweiliges Glaubenssystem, letztlich der potenziell größte Heilungs- und Stärkefaktor ist, den wir besitzen. Ich hoffe, dass Sie sich im einen oder anderen Aspekt wiederfinden, ihn aktivieren oder stärken. Weil das zur Heilung unserer Lebenswunden und zur Seelenkraft beitragen kann. Ich glaube, dass das Organ dieser Fähigkeit zur Spiritualität die Seele ist. Oder ist Glaube doch eine reine Hirnfunktion? Der Naturwissenschaftler in mir fragt skeptisch, ob es die Seele überhaupt gibt. Der Gläubige in mir erhofft das Ja.

Aber so sind wir eben mitunter: zweifelnd, zwiegespalten, unentschieden und suchend.

Spiritualität, wie sie sich mir gegenwärtig darstellt, weist sieben Dimensionen auf, die ich Integrationen nenne, weil sie jeweils eine Überzeugungsdimension beitragen zum großen Ganzen des persönlichen Glaubens.

1. Integration der Grenzen

Wir sind begrenzt. Ein Satz, den ich aus der katholischen Glaubenslehre kenne, der aber keinesfalls darauf beschränkt ist, unter anderem, weil er wie ein Großteil der katholischen Lehre aus der hellenistischen Philosophie heraus entwickelt wurde. Der Satz ist vielmehr universal. Es gibt Grenzen, die wir an uns, an anderen und an der Welt erleben. Nicht alles, was wir uns vorstellen können, ist umsetzbar. Selbst unsere Vorstellungskraft ist begrenzt. So können wir uns beispielsweise ein Leben, das endet, nicht wirklich vorstellen. Selbst wenn wir glauben, dass nach dem Tod nichts mehr kommt, bleibt dieses „Nichts" seltsam unbekannt und unvorstellbar. Es bleibt ein kognitiv-rationales Konstrukt, dessen „Dass" man positiv annehmen, dessen „Wie" man sich aber nicht vorstellen kann.

Unser Leben ist begrenzt, unser Können, unsere Kraft, unsere Liebe, unsere Geduld, unser Gutsein ebenfalls. Und dennoch führt dieses begrenzte Sein nicht zum defizitären Leben. Vielmehr bewirkt dessen Wahrnehmung ein Ich-Bewusstsein, das an Stärke und Souveränität kaum zu überbieten ist.

Wahre Ich-Stärke ist das Resultat des Glaubens, dass ich *mit* meinen Grenzen gut bin – nicht *trotz* ihrer. Es ist das Bewusstsein, dass die Grenzen zu mir gehören, dass sie mich definieren, mich als die Person erkennbar machen. Es sind Grenzen, mit denen ich unverwechselbar bin. Grenzen, die einerseits die Gebiete dessen beschreiben, was ich nicht bin, will und kann, und andererseits aber auch die Gebiete, die ich voll und ganz ausfülle. Gebiete, innerhalb derer ich alles kann, alles will.

Wir müssen unsere Grenzen integrieren, wenn wir stark sein wollen.

2. Integration des Wertes

Wir sind unendlich wertvoll. Was wie eine kuschelchristliche Banalität daherkommen mag, ist tatsächlich eine Dimension von fundamentaler Bedeutung. In der Psychologie lässt sich jede psychische Störung, jede Verletzung und jeder Mangel an einer Schwächung des Selbstwertgefühls festmachen. Positiv ausgedrückt: Je gesünder die Person, desto stärker das Selbstbewusstsein. Dabei sprechen wir von wirklichem Selbstbewusstsein, also nicht von jener Arroganz, die im Grunde nur ein schwaches Selbstbewusstsein zu übertünchen sucht. Wirkliches Selbstbewusstsein weiß zweierlei: Erstens: „Ich bin gut." Und Zweitens: „Du bist gut." Wirkliches Selbstbewusstsein weist immer diese Reziprozität auf und folgt damit der Goldenen Regel: „Was du nicht willst, dass man dir tu', das füg' auch keinem andern zu", eine biblische Weisheit, die letztlich Kant zum positiv formulierten

Kategorischen Imperativ gereichte. Nur wer zutiefst vom eigenen Wert überzeugt ist, kann den Wert des anderen schätzen und sich an diesem erfreuen. Neid, Geiz und Missgunst sind daher immer auch Aussagen über den nicht empfundenen Wert des Selbst. Ich muss mir meines Wertes bewusst sein, um den Wert anderer erkennen zu können.

Weil nicht wenige Menschen von ihrem Selbstwert nicht wirklich überzeugt sind, kann es Sinn machen, ihn sich im Laufe des Lebens mehr und mehr anzueignen, ihn quasi in Besitz zu nehmen.

Das Alte Testament spricht von diesem Wert, den wir haben, wenn es berichtet, wie Gott Jesaja verkündet: *„Ich habe dich in meine Hand geschrieben, du bist mein"* (Jesaja 49,16). Der Gedanke, dass ein Gott den Namen jedes Menschen auf seiner Handfläche eintätowiert hat, drückt aus, für wie unendlich wertvoll er den Menschen erachtet. Und dazu noch vor aller Zeit, also weit bevor jemand so oder so sein, dies oder jenes tun oder lassen konnte. Ein Mentor brachte mir als Jugendlicher einmal bei: „Du bist geliebt vor aller Leistung und trotz aller Schuld." Ein Satz, der mich damals ungemein tröstete und den ich seitdem anderen Menschen selbst immer wieder mit auf den Weg gebe, wenn es passt.

All das sind unglaublich starke Hoffnungssätze, die, wenn wir sie glauben, ein Selbstbewusstsein hervorbringen, das von nichts zu schlagen ist. Allerdings funktionieren sie nur, wenn sie von Menschen vermittelt werden, die uns mit Wohlwollen und Liebe begegnen. Sie nur zu lesen reicht leider nicht. Was uns wiederum an die Bedeutung von guten Beziehungen erinnert, von der ja schon mehrfach die Rede war.

3. Integration der Leichtigkeit

Der große Psychologe Alfred Adler hat Anfang des 20. Jahrhunderts Humor als eine der wichtigsten Säulen psychischer Gesundheit erkannt. Er entwickelte daraus sogar eine Methode („Antisuggestion"), die heute noch als paradoxe Behandlungsmethode mit großem Erfolg beispielsweise bei Schlafstörungen angewandt wird und immer erst einmal ein Schmunzeln auslöst.

Dem Patient, der nicht einschlafen kann, wird aufgetragen, sich bewusst zu bemühen, nicht einzuschlafen. Dieser spielerische Umgang mit ernsten Problemen macht das Problem an sich schon handhabbarer. Abgesehen davon, dass jeder irgendwann schlafen kann, wenn er müde genug ist. Darüber hinaus ist es ein Zeichen von Stärke, über erfahrenes Leid flapsige Bemerkungen oder gar Witze machen zu können, nachdem man es durchlitten hat. Und es ist auch ein Zeichen dafür, dass die Betroffenen wieder die Macht über ihr Schicksal übernommen haben und nicht mehr wie das Kaninchen vor der Schlange sitzen.

Worüber ich spaßen kann, das ängstigt mich nicht mehr. So ist es denn auch eine psychische Fähigkeit, das Leben leicht nehmen zu können. Sich zu entspannen. Gelassen zu sein im Vertrauen darauf, dass es schon wieder werden wird, dass man stark genug ist, auch Misserfolg oder Krankheit oder sonstiges Leid zu überstehen. Das gilt im Übrigen auch für den religiösen Glauben. Ein Mann, den ich beriet, haderte lange damit, dass er „nicht glauben kann". Schließlich fand er seinen Frieden auf gänzlich unerwartete Weise: „Ach, wissen Sie, mittlerweile denke ich, wenn es einen Gott gibt, wird er sich schon melden, wenn er etwas von mir will. Bis dahin ist die Ruhe auch mal gut." Wir mussten damals beide herzhaft lachen. Der Bann des belastenden Zweifelns war gebrochen.

4. Integration der Unschuld

Einer meiner Lieblingstheologen war schon immer Martin Luther. Sein Ansinnen, die katholische Kirche zu reformieren, scheiterte damals bekanntlich an der Unfähigkeit der Institution, auf liebgewonnene Macht zu verzichten. Diejenigen, die der Reform folgten, wurden als Ketzer bezeichnet und aus der Kirche ausgestoßen. Eine vertane Chance zur Korrektur, die ein paar Jahrzehnte später dann zwar dennoch erfolgte, aber eben erst nachdem die Kirchenspaltung stattgefunden hatte. Ein unseliger Mechanismus, der jeder Art von Unternehmen oder sozialer Gruppe nicht unbekannt sein dürfte. Aber wie dem auch sei, Luther erkor damals die Integration der Unschuld zu seiner zentralen These: „Wir sind gerechtfertigt." Wer die Zusammenhänge kennt, weiß, dass er damit die Lehre von der Erbsünde außer Kraft setzte. Das altdeutsche „gerechtfertigt" bedeutet dabei „gesühnt". Will sagen: Wir sind frei von Schuld. Mit anderen Worten: „Keiner muss Ablässe kaufen." Heute, wo ohnehin fast niemand mehr Ablässe kauft, kann man den Grundsatz Luthers übertragen und sagen: „Fühl dich nicht grundlos schuldig."

Schuld ist ein Gefühl, das durchaus seinen Sinn hat. Dann nämlich, wenn ich verantwortlich bin für das Leiden eines anderen. In einem solchen Fall hilft mir mein Schuldgefühl, Reue zu empfinden, mein verletzendes Handeln zu beenden, Wiedergutmachung zu leisten, wo immer es möglich ist, und hoffentlich Vergebung zu erfahren. Das ist dann das Ende meiner Schuld. Aber manche Menschen gehen durchs Leben und werden ihre Schuld einfach nicht los. Hier ist es nötig, die Überzeugung der eigenen Unschuld zu integrieren. Wir sind zunächst und von Haus aus unschuldig. Erst und nur, wenn wir etwas verantwortlich verursachen, sind wir zu Reue und Wiedergutmachung verpflichtet. Und spätestens bei Vergebung unsere Schuld auch wieder los. Es ist im Grunde ganz einfach.

5. Integration der Hoffnung

Wer am Boden liegt, kann oft nicht mehr hoffen. Es ist ja gerade die Hoffnungslosigkeit, die den Status des Burn-outs kennzeichnet. Was dann als Erstes wieder entstehen muss, ist Hoffnung. Wieder greift Religion in fast allen Kulturen diesen zentralen Wendepunkt der Heilung auf. So ist das zentrale Symbol und die Initialzündung des Christentums der Glaube an die Auferstehung. Die Botschaft dahinter lautet: Am Ende siegt das Leben.

Diese Grundhaltung ermutigt zur Hoffnung. Wenn ich glaube, dass das Dunkel – selbst auf einer so stofflichen Ebene wie dem Tod – nicht das letzte Wort hat, wirft diese Überzeugung ihr Licht auf jegliches Dunkel im Leben. Nach Depression kommt Lebenskraft, nach Trauer Freude, nach Streit Versöhnung, nach Angst Mut und nach dem Problem die Lösung. Es ist diese Hoffnungsüberzeugung, die es uns ermöglicht, in der Dunkelheit zu sein und sie zu überleben. Im Zweifel wird es eher gut.

Ist das immer wahr? Leider nicht. Gerade als Therapeut weiß man, dass manche Menschen nicht das Glück haben, wieder zum Leben zurückzufinden. Dennoch darf man die Hoffnung darauf nie aufgeben. Denn oft stellt sich der Lebenswille auch wieder ein, lange bevor man es selbst erwartet.

Sicher ist, dass ohne Hoffnung keine gänzliche Heilung stattfinden kann. Burn-out-Patienten müssen Hoffnung meist wieder neu schöpfen. In ihnen muss erst wieder die Überzeugung wachsen, dass es am Ende „gut wird". Wer die Hoffnung nie verliert, kann per Definition gar nicht erst in den Status eines Burn-outs kommen. Wir tun also gut daran, eine innere Haltung der Hoffnung zu kultivieren, sie in unsere

Persönlichkeit zu integrieren. Wir sollten Hoffnungs-
menschen werden. Nicht nur, weil uns das zu ange-
nehmeren Zeitgenossen werden lässt, sondern auch,
weil es uns stark macht.

6. Integration des Trostes

Wenn wir damals als Kinder gefallen sind und uns die
Knie aufgeschürft haben, hat uns hoffentlich jemand
liebevoll in den Arm genommen und getröstet. Ich erinnere mich, wie meine Mutter auf Wunden gepustet
hat, um den Schmerz wegzublasen. Und der Schmerz
war auch tatsächlich nicht mehr so schlimm.

Was auf körperlicher Ebene funktioniert, klappt
meist auch im Bereich der Psyche. Wenn ich traurig
war, also mein Herz schmerzte, nahm sie mich in den
Arm und streichelte mir über das Haar. Das half. Später im Leben wird es oft als inadäquat empfunden,
sich von Eltern oder anderen Menschen in dieser
Weise trösten zu lassen. Manchmal übernehmen die
Trostfunktion noch Partner oder sehr enge Freunde.
Auch nimmt der körperliche Trost, das In-den-Arm-
Nehmen oder Streicheln, ab. Trost wird im Erwachsenenleben eher verbal ausgedrückt. Wenn überhaupt.

Wir trösten einander also zu wenig. Tröstungssätze
wie: „Das wird wieder, ganz sicher", „Du Armer, das
tut mir leid" oder: „Wir schaffen das!" kommen uns
allzu oft viel zu banal vor. Oder wie leere Verspre-
chen, von denen wir ja nicht wissen, ob sie wirklich
eintreffen werden. Und so sagen wir sie lieber nicht.

Dabei ist Trost in seiner Grundstruktur immer banal und in seinem Inhalt unüberprüfbar. Was tröstet, ist die Handlung des Zusagens. Und weil wir auch als Erwachsene Schmerzen an Körper und Seele empfinden, brauchen wir Menschen, die uns trösten. Damit der Schmerz geringer wird und die Kräfte wieder wachsen können. Sowohl als Therapeut als auch als Coach übernehme ich regelmäßig die Funktion des Trösters. Aber eigentlich sollte niemand dafür Geld bezahlen müssen. Trost sollte man umsonst bekommen.

7. Integration des Leids

Die stärksten Persönlichkeiten sind jene, die großes Leid in ihrem Leben erfahren und es überwunden haben. Ein Missbrauchsopfer berichtete mir einmal in einer Sitzung: „Ich weiß heute, wie stark ich bin. Was ich alles überlebt habe! Wenn ich eines aus all dem Leid und der Verletzung gelernt habe, dann, dass ich nicht kleinzukriegen bin. Mich wird wohl nichts im Leben mehr aus der Bahn werfen. Das erfüllt mich mit Stolz." Natürlich hätte sich der Klient gewünscht, das Leid gar nicht erst erfahren zu müssen, um dies zu lernen. Aber die Fähigkeit, dem Leid zu trotzen, indem man es zum Positiven wendet, ist ein Zeichen für eine starke Psyche. Wer Leid erlebt, Krisen überwindet, gewinnt größere Stärke.

Wenn Burn-out-Patienten eine Therapie gemacht haben und danach wieder ins Arbeitsleben einsteigen, berichten sie häufig davon, wie dankbar sie – bei aller Problematik – für das Erleben des Burn-outs sind. Der Burn-out habe ihnen die Augen geöffnet. Interessanterweise sind oft wichtige Veränderungen in der Lebensführung, die vorher nie funktionierten, nach einem Burn-out auf einmal möglich. Leid schafft oft eine Brisanz, die wir brauchen, um uns zu verändern.

Es wäre falsch zu behaupten, nur so sei Veränderung möglich. Wir verändern uns durchaus auch durch schöne Erlebnisse und Liebe. Aber Leid lässt uns reifen und stark werden. Wenn wir es denn in unser Leben integrieren, also durchleiden und meistern. Dazu gehört, dass wir unser Leid mit einem Sinn versehen. Viktor Frankl, Aaron Antonovsky und viele andere haben erkannt, dass das Erleben eines Sinns in dem, was ich tue und bin, im Grunde das Wichtigste ist, was uns Menschen nicht nur überleben, sondern auch heilen und wachsen lässt.

Ende der Neunziger hatte ich das Privileg, bei Ottmar Fuchs, einem der bedeutendsten Theologen unserer Zeit, zu promovieren. Es war unter anderem meine Aufgabe, die erste wissenschaftliche Definition von „Spiritualität" zu liefern. Bislang hatte es keine Herleitung in der wissenschaftlichen Methode gegeben, sondern lediglich individuelle und ungesicherte Eigenkreationen religiöser Autoren.

Nach umfänglicher Analyse definierte ich damals Spiritualität als „Ich-entwickelnde, handlungseffektive Berührung zwischen Transzendenz und Ich". Was ein wenig schwerfällig daherkommt, ist im Grunde ganz einfach zu erklären: Spiritualität …

1. ist ein Erlebnis und keine bloße Haltung.
2. ist ein Erlebnis mit etwas, das nicht ich selbst bin.
3. ruft verändertes Verhalten und Handeln hervor.
4. entwickelt mich als Person weiter, lässt mich moralisch und psychologisch reifen (Abgrenzung zum Fundamentalismus, der dies nicht erfüllt).

Nur wenn alle vier Bedingungen erfüllt sind, handelt es sich nach wissenschaftlicher Definition um Spiritualität. Punkt 2 macht deutlich, dass es sich nicht um ein Gotteserlebnis handeln muss. Auch die Liebesbeziehung zu einem Menschen erfüllt beispielsweise dieses Kriterium.

Damit war klar: Man musste nicht religiös sein, um spirituell zu sein. In dieser Definition ist Spiritualität für unser Thema von immenser Bedeutung. Denn ohne Spiritualität können wir weder Sinn finden noch heilen oder wachsen. An diesem Punkt sind sich Theologie, Psychologie, Soziologie und Philosophie einig: Wir müssen etwas außerhalb von uns erleben, um zu wachsen und genesen zu können. Wir brauchen Transzendenz. Aus uns selbst heraus – also ohne Spiritualität – können wir nicht überleben. Wir gehen ein wie Primeln ohne Wasser. Mit Spiritualität aber, also wenn wir erleben, wie andere Seinswesen – für einige ein Mensch, für andere ein Tier oder auch eine Pflanze oder ein Gott – uns innerlich oder noch besser angemessen körperlich berühren, können wir heil, ganz und groß werden.

Menschen, die einen Burn-out überwunden haben oder Stress erfolgreich bewältigen können, kennen das. Sie haben die Frage nach dem Sinn ihres Handelns und Daseins erkannt und oft sehr klar formuliert. Sie haben eine Spiritualität kultiviert, die sie immer wieder mit Transzendenz-Erfahrungen versorgt, indem sie einen starken religiösen Glauben pflegen, ihre Beziehungen gesund und intensiv gestalten oder auf sonstige Weise dafür sorgen, dass sie nicht nur aus sich selbst heraus leben. Deshalb ist der Burn-out gerade in seiner Dimension des Rückzugs von Freunden und Familie so gefährlich: Man entzieht sich damit ja genau dem, was helfen würde.

Ein Patient, der nach Burn-out und Klinikaufenthalt in meine Praxis kam, berichtete Folgendes:

Ich merke, wie wichtig mir mein Glauben in dieser ganzen letzten Zeit geworden ist. Nicht nur mein christlicher Glauben. Dass man einander helfen und füreinander sorgen soll. Oder Menschen würdevoll behandeln soll. Eigentlich die Goldene Regel: „Was du nicht willst, dass man dir tu', das füg' auch keinem andern zu." Nein, nicht nur das. Auch mein Glauben über die Wichtigkeit von Beziehungen hat sich verändert. Ich glaube heute, nein, besser noch: Ich bin total überzeugt, dass es nichts Wichtigeres in meinem Leben gibt als meine Partnerschaft, meine Kinder und meine Freunde. Meine Eltern waren früher nie da für mich. Und ich dachte, ich brauche das auch nicht. Ich hatte es ja auch ohne sie geschafft. Aber ich weiß heute, dass das falsch war. Ich hatte es zwar geschafft, aber nur „gerade so". Ich habe überlebt. Heute weiß ich, dass ich nicht nur überleben will. Ich will leben. Und das bedeutet ganz klar: Beziehung. Ich glaube heute ganz anders als noch vor einem Jahr. Auf ganz paradoxe Weise bin ich dankbar, dass ich einen Burn-out hatte. Das hat mir die Augen geöffnet.

Und weil dieser Patient es ernst meinte, ging er in sein Unternehmen zurück und ließ sich auf eine niedrigere hierarchische Ebene ohne Führungsverantwortung herunterstufen. Mit 30 % weniger Gehalt, aber festen Arbeitszeiten und freien Wochenenden, die er mit mehr Qualitäts- und Beziehungszeit füllte. Hut ab, ein starker Mann.

Was sind die drei weisesten Aussagen über das Leben, die Sie je gehört haben? Welche drei Sätze geben Ihnen Hoffnung?

Was würden Sie wem sagen, wenn Sie nur noch einen Tag zu leben hätten?

Eine Kultur der Angst

Wir brauchen wirklich ein dickes Mut-Konto, denn wir leben heute in einem gesellschaftlichen Klima, das ich „Kultur der Angst" nennen möchte.

Seit der Jahrtausendwende werden wir mit Katastrophenszenarien bombardiert. Das ist ein quasi-religiöses Phänomen, das sich bei fast allen Jahrhundertwenden beobachten lässt. Viel aufgeklärter als unsere Vorfahren scheinen wir offenbar bisher nicht geworden zu sein. Besonders die letzten zehn Jahre lassen sich wie eine Verdichtung einer Katastrophengeschichte lesen. Vorher waren Katastrophenszenarien eher spärlich gesät. Seit dem Jahr 2000 hat sich ein wahrer Katastrophen-Boom entwickelt.

Die Globalisierung hat darüber hinaus dazu geführt, dass einzelne Themen weltweit debattiert werden. Es begann mit der Panik um den weltweiten Computercrash bei der Jahrtausendumstellung. Dann kam die weltweite Terrorismusangst – und ich bekenne, auch ich habe Briefe aus Angst vor Anthrax nur zögerlich aufgemacht. Danach flammte die noch immer aktuelle Klimakatastrophe auf, die „ganz sicher" den buchstäblichen Untergang bringen wird. Begleitet von den lebensbedrohenden Dauerbrennern Arbeitslosigkeit, sittliche Verrohung der Jugend und Amokläufern. Anschließend diskutierte man über die tödliche Auswirkung von Computerspielen, um kurz danach auf die Weltwirtschaftskrise zu springen.

Hat sie uns eigentlich jetzt erreicht? Kommt sie noch? Ich bin mir nicht sicher.

Das vorletzte große Panikthema war die Übernahme unserer gesamten westlichen Kultur, ihrer Werte und unserer Kaufkraft durch den Islam. Seit Fukushima ist das Thema „Kernkraft" permanent auf allen Kanälen präsent. Was jahrelang für sicher gehalten wurde, ist mit einem Mal überhaupt nicht mehr einschätzbar und sicher.

Unser Leben ist bedroht. Ständig. Meinen viele. Und das kann Angst machen.

Eigentlich ist es aber auch nichts Neues. Denn bedroht ist unser Leben jederzeit – durch den Tod.

Es geht am Ende ja auch gar nicht um die Probleme an sich. Natürlich sind Computerviren gefährlich, Terrorismus tödlich, Klimata verändern sich, und Wirtschaftssysteme sind und bleiben anfällig. Der religiöse Fundamentalismus im Islam, aber genauso auch im Christentum ist eine Gefahr für humanistisch geprägte Staaten wie den unseren. Und generell gesprochen kommt es faktisch immer wieder zu schlimmem Leid, gibt es immer wieder maßlose Zerstörung.

Angst hat an sich etwas Gutes. Psychologisch gesehen ist sie dazu da, Gefahren vorauszusehen, damit wir planen und schnell und angemessen darauf reagieren können. Die gesunde Seite der Angst also ist die Vorsicht: Wenn ein Kind auf eine heiße Herdplatte fasst, verhindert beim nächsten Mal die Angst vor Schmerz das erneute Verbrennen. Angst ist gut.

Aber mir scheint, wir haben das Maß verloren. Wir lassen uns in Panik versetzen. In unrealistische Angst, die mit der *tatsächlich erfahrenen* Wirklichkeit *hier und jetzt* nicht mehr viel zu tun hat. Wir verlieren das Gefühl für unsere Sicherheiten. Wir verhalten uns zuweilen wie ein Kind, das *gar nichts* mehr anfasst, weil es *gehört* hat, dass sich das *Nachbarkind* an der heißen Herdplatte verbrannt hat.

Dabei sind wir doch, wie wir gesehen haben, resilient. Wir haben die Fähigkeit, Probleme aktiv anzugehen. Uns in Gefahrensituationen gut zu schlagen. Unter Stress gleichbleibend zu funktionieren. Und uns von Traumata zu erholen. Wir sind belastbar. Wir zerbrechen nicht leicht. Warum sind wir also nicht mutig? Und gelassen? Uns müsste nicht viel schrecken.

Aber stattdessen weicht eine angemessene Anteilnahme – etwa an dem Leiden der Menschen in Haiti – immer häufiger einer *generellen* Zukunfts- und Lebensangst. So als würde die Welt untergehen. In der Psychologie ist dieses Phänomen eine gut bekannte, existenzielle Angst. Eine Angst, die meist nichts mit äußeren, sondern fast ausschließlich mit inneren Zuständen zu tun hat. *Außen* sehen wir das unvorstellbare Leid verschütteter Menschen und empfinden *innen* unsere Wirklichkeit als verunsichert. Ich habe den Eindruck, wir verlernen mehr und mehr, zwischen dem Leiden des anderen und unserem eigenen Leid zu unterscheiden.

Und das ist fatal.

Das Leid der anderen ist nicht mein Leid. Ihre Angst und Unsicherheit sind nicht die meine und sie dürfen auch *meine* Angst und Unsicherheit nicht *entfachen*. Sonst kann ich ihnen nicht helfen, denn ein Helfer muss mutig und stark sein. Und ein schwacher Helfer ist die schlimmste Bürde für jedes Opfer.

Empathie, Mitleid, Anteilnahme sind psychologisch gesehen etwas ganz anderes als totale Identifikation mit dem Leidenden.

Empathie ist notwendig zum Helfen. Identifikation, die nicht mehr unterscheidet zwischen „ich" und „du", führt ins genaue Gegenteil. Es geht dann nämlich nur noch um mein eigenes Leiden, das ich zu heilen suche, und nicht mehr um das Leiden des anderen. In allen helfenden Berufen – vom Therapeuten über die Ärztin oder den Pfleger bis hin zum Sozialarbeiter und zur Kindergärtnerin – gilt deshalb immer der klärende Grundsatz: „Dein Leid ist nicht mein Leid." Sonst ist helfen unmöglich.

Um mutig sein zu können, muss ich also trennen zwischen dem Leid der anderen und meinem eigenen. Denn im Gegensatz zu meinem Leid hört das Leiden der anderen ja niemals auf; irgendjemand leidet immer furchtbar.

Wenn die Angst kommt, können wir die Fähigkeit zur Hoffnung aktivieren. In uns und anderen. Wir können die Heilungskräfte der Psyche voll nutzen und dürfen das Leben wagen. Jedes Leben. Zu jeder Zeit.

Mut ist somit letztlich auch der Schlüssel zum Glück. Denn wer mutig ist, der lebt das Leben in seiner ganzen Fülle. Mit Freude und Lust. Mit Leichtigkeit und Neugier. Trotz dem, was vorher war, und sei es noch so schlimm. Und das bis ins hohe Alter.

Sieben Strategien
für ein besseres Leben

Lässt sich ein ganzes Leben in sieben Strategien abbilden? Eigentlich nicht – aber in meiner Praxis als Therapeut und Coach habe ich mindestens sieben Elemente entdeckt, die der Seele helfen zu heilen – sieben Strategien für ein besseres Leben.

1. Willen

Ich muss wollen. Das klingt banal, ist es aber nicht. Viel zu oft bleibt es bei Lippenbekenntnissen und viel zu oft enden die Anstrengungen schon nach dem ersten kleinlichen Versuch, weil das wirkliche „Wollen", weil der „Wille" fehlt.

Wer meint, Heilung passiere von selbst, hat sich getäuscht. Man muss sie wollen, und zwar so sehr, dass alles andere dahinter zurücksteht. Man muss das, was einen bislang umgetrieben (und in den Burn-out getrieben) hat, hinter sich lassen und wirklich in ein gelasseneres, glücklicheres Dasein gelangen wollen. Es muss die oberste Priorität haben, sonst ist das Scheitern vom ersten Moment an vorprogrammiert.

Antreiber für eine solche echte Veränderung sind

entweder Abstoßung oder Anziehung: Entweder will ich weg vom Alten, Störenden oder hin zum Neuen, Besseren. Beides ist in Ordnung.

Meist kommen Menschen zu einer Therapie oder einem Coachinggespräch zu mir, weil sie die erste Variante (Abstoßung) erleben – sie haben ihre Probleme satt und wollen weg davon. Im Therapie- oder Coachingprozess wechseln sie dann die Perspektive und gelangen in der Regel zur zweiten Variante (Anziehung). Sie entwickeln eine „Vision des besseren Lebens". Deren Anziehungskraft ist so groß, dass sie sich entschlossen aufmachen, um dieses neue Ziel zu erreichen.

Gleichgültig, welcher Motivator die Betroffenen antreibt: Beide Varianten brauchen den starken Willen zur Veränderung, den Willen zum Loslaufen und Dranbleiben. Ohne diesen Willen bleibt jede Therapie, jedes Coaching, jede Begleitung wirkungslos. Bisweilen fällt es mir sehr schwer, daneben zu stehen und zu erkennen, dass der Wille zu Veränderung eigentlich nicht vorhanden ist. Auch als Therapeut kann ich mein Wissen nicht abschalten. Sei es beim Patienten, beim Klienten oder bei der eigenen Freundin. Aber Veränderung muss das Ergebnis eines Erkenntnisprozesses sein, sie muss ersehnt und darf nie verschrieben werden. Niemand *wird* verändert. Man verändert im Gegenteil *sich selbst*. Nur durch eigenes Tun sind Wachstum und Reifung möglich.

Heilung braucht den eigenen Willen. Wer den hat,

kennt die erste Strategie – oder anders betrachtet: eine wirksame erste Salbe zur Seelenheilung.

2. Umdenken

Die Psychologie nennt dieses Vorhaben „kognitive Umstrukturierung". Wir müssen Botschaften im Kopf umformulieren und ihnen im Herzen glauben. Wir müssen das, was uns verletzt hat, so umdeuten, dass es uns aufbaut statt zerstört.

Im Klartext heißt das: Zuerst muss ich meine inneren Stimmen, die mir suggerieren, ich sei Opfer, ohnmächtig, klein, schwach, minderwertig, inkompetent, unerwünscht oder fehl am Platz, deutlich wahrnehmen, um sie dann – in einer gedanklichen Anstrengung, also auch kreativ – umzuformulieren.

Ich möchte das an einem Beispiel illustrieren: Vielleicht hat mich mein Chef wieder einmal vor allen Kollegen runtergeputzt und ich fühle mich deshalb ganz mies. Dann ist die Botschaft, die bei mir angekommen ist: „Du bist wertlos."

Habe ich diesen Satz identifiziert und kann ich ihn in Worte fassen, habe ich schon gewonnen. Denn jetzt kann ich ihn verändern und mit einer mutigen Kampfansage gegen diese Stimme in mir verbinden.

Ich kann dieser Stimme in mir sagen: „Du bist eine Botschaft, der ich nicht glauben werde. Ich bin nicht wertlos, sondern eines der wunderbarsten Geschöpfe, die es gibt. Das können meine Freunde beweisen. Ich lebe mein Leben, bin stark, habe genug Kraft, um mich zu verändern, ich wachse ständig. Ich kann nicht alles, aber ich kann viel. Ich bin im Gegenteil sehr wertvoll." Genau das meint Viktor Frankl, wenn er von der „Unersetzlichkeit" jedes einzelnen Menschen spricht, von der ja schon an anderer Stelle die Rede war.

Mit der Zeit reicht dann vielleicht nur kurz der „Gegengedanke": „Nein, ich bin wertvoll."

Solch ein innerer Dialog mit den eigenen Stimmen ist ein uraltes Mittel, um zu heilen. Schon Ignatius von Loyola, der große christliche Lehrer, hat diese Strategie im 16. Jahrhundert benutzt und gelehrt. Er entwickelte die Regeln zur „Unterscheidung der Geister", der die Erkenntnis zugrunde liegt, dass der seelische Zustand eines Menschen letztlich geistliche Ursachen hat – dass wir also unsere inneren Stimmen identifizieren und bewusst die schlechten aussortieren müssen.

Bis heute spricht die Transaktionsanalyse der sechziger und siebziger Jahre (nach Eric Berne) von *tapes*, also „Kassetten", die wir – in übertragenem Sinne – im Ohr haben und die uns unablässig Botschaften senden. Die „Kassettenbesprecher" sind unsere Eltern oder die Menschen, die uns maßgeblich geprägt haben. Auf den Kassetten können aufbauende Botschaften sein, aber eben auch zerstörerische. Das Gute daran: Wie jede Kassette (heute spricht man wohl lieber von Festplatten) kann man auch diese *tapes* löschen und neu besprechen.

Dies ist zwar nicht ganz so leicht, und vollständig werden solche negativen Botschaften in den seltensten Fällen zu löschen sein, aber veränderbar sind sie allemal. Außerdem kann man lernen, zu entscheiden, welcher Kassette man wann zuhört – man muss lediglich erkennen, dass *man selbst* diesbezüglich die Autorität in seinem Leben hat. Umdenken ist die zweite Strategie für ein besseres Leben – oder eine wichtige Salbe für die verletzte Seelenhaut.

3. Vertrauen

Gerade weil eine Heilung nicht von ganz alleine geschehen kann, brauchen wir etwas, das es uns ermöglicht, von außen Heilungsimpulse zuzulassen: Vertrauen. Wir brauchen das Vertrauen zu Personen, die uns wohlgesonnen sind, und ein vertrauensvolles Lebensumfeld, das uns Sicherheit gibt, das uns offen sein lässt und uns so annimmt, wie wir *sind,* und nicht so, wie wir sein *sollen.*

Reife Menschen tun das. Wer eine reife, gesunde Persönlichkeit besitzt, wird andere nicht benutzen müssen, um eigene emotionale Bedürfnisse durch sie zu befriedigen. Er wird sie, im Gegenteil, wertschätzen, lieben, geben und nehmen können, ohne auf den eigenen Vorteil bedacht zu sein.

Von solchen Menschen – das können Freunde, Therapeuten, Vorbilder, manchmal auch Fremde sein, die uns innerlich berühren – können die zur Heilung nötigen Impulse kommen.

Nur wer vertraut, könnte man einwenden, kann enttäuscht werden. Manche wagen deshalb nicht mehr, Beziehungen aufzubauen, weil sie schon zu oft enttäuscht wurden. Sie geben deshalb das Vertrauen auf oder fahren es auf ein Mindestmaß herunter.

Aber wo ist da der Mut? Wer lieben kann, kann verletzt werden. Was soll's? Das muss uns nicht schrecken. Unsere Seele hält Enttäuschung aus. Wir lernen und finden durch Enttäuschung immer besser heraus, wem wir unser Vertrauen schenken können und wem nicht. Wie sonst sollte unsere Erfahrung geschärft werden?

Die Fähigkeit zu vertrauen müssen wir uns bewahren, um heilen zu können. Denn sie ist die dritte Strategie für ein besseres Leben, eine wirksame, eine wichtige Salbe zur Seelenheilung.

4. Glauben

Nur wer glaubt, kann geheilt werden. Glauben ist dabei auch, aber nicht notwendigerweise, religiöser Glaube. Es geht vielmehr um den ganz persönlichen Glauben, meine Überzeugungen im Leben, die persönliche Spiritualität, also das, was man oft auch

„Lebensphilosophie" oder einfach nur Überzeugung nennt.

Woran glaube ich?

Wovon bin ich überzeugt?

Glaube ich, dass Liebe wichtig ist?

Ist es meine Überzeugung, dass Wohlstand und Erfolg erstrebenswert sind oder dass der Mensch immer im Mittelpunkt stehen soll?

Bin ich mir sicher, dass es sich lohnt, freundlich zu sein? Oder glaube ich, dass Menschen grundsätzlich egoistisch sind?

Bin ich davon überzeugt, dass es nach dem Tod so etwas gibt wie eine Belohnung für gutes Leben? Vielleicht sogar so etwas wie ein ewiges Leben?

Da wir in einer postmodernen Welt leben, sind die möglichen Glaubenskonstrukte und Lebensphilosophien ausgesprochen vielfältig. Und wie auch schon beim persönlichen Sinn des Lebens finden wir alle möglichen Kombinationen. Orientierung kann man finden im Christentum, im Islam, im Judentum, im Buddhismus, in der Esoterik, im Mystizismus, in der Philosophie, aber auch in Biologie, Wirtschaft, Physik, Psychologie oder einfach in guten Beziehungen.

Wenn wir dann aber etwas erleben, das unseren Lebensglauben zutiefst erschüttert, sagen wir: „Meine Welt ist zusammengebrochen." Etwa durch die Erfahrung tiefer Enttäuschung, Arbeitslosigkeit, Krankheit, Trennung oder Tod. Und dann müssen wir Aufbauarbeit leisten, müssen unseren Glauben wiederherstellen. Müssen wieder an etwas glauben können. Oft verändern solche Zusammenbrüche unser Glaubenssystem. Was wir einmal glaubten, glauben wir nicht länger, und was uns einst nicht geheuer war, wird auf einmal plausibel.

Aber gleichgültig, wie – ohne persönlichen Glauben lebt niemand, *kann* niemand leben; geschweige denn heilen. Ein starker Glaube, eine starke Überzeugung macht Heilung überhaupt erst möglich.

Ich muss zum Beispiel daran glauben, dass mein Leben nach der Heilung besser sein wird.

Ich muss daran glauben, dass Heilung überhaupt möglich ist.

Und ich muss daran glauben, dass ich es *wert* bin zu heilen.

Ein starker Glaube ist eine wesentliche Säule für die Heilung meiner Seele und eine wesentliche Strategie für ein besseres Leben.

Für mich persönlich ist es mein christlicher Glaube, der meinem Leben Halt und Sinn gibt. Ich gehe nicht in die Irre. Ich weiß mich gehalten in allen Tiefen und Höhen des Lebens. Als Christ kann ich darauf vertrauen, dass ich meine Schuld, alles, was ich auf mich geladen habe, abgeben darf, weil Christus selbst mir anbietet, dass er alles trägt.

5. Zeit

Ein Sprichwort sagt: „Die Zeit heilt alle Wunden." Das mag zu kurz gedacht sein, denn viele von uns müssen feststellen, dass eben nicht alle Wunden heilen.

Richtig ist aber: „Alle Wunden brauchen Zeit zur Heilung." Auch wenn es schwerfällt, das zu akzeptieren, und wir unsere Probleme lieber auf einen Schlag hinter uns lassen würden: Heilung braucht Zeit. Eine seelische Wunde heilt nicht von jetzt auf gleich. Wie bei einer körperlichen Verletzung müssen wir während und nach der Versorgung Geduld aufbringen. Wir müssen warten können. Schweigen. Die Wunde in Ruhe lassen.

Beim Heilen dürfen wir es uns erlauben wegzusehen. Wenn wir uns im Prozess der Heilung befinden, dürfen wir geduldig mit uns selbst sein. Wir dürfen den Schmerz zulassen und bewusst erleben. Wir dürfen uns sagen: Das ist normal und gehört dazu. Heilung darf wehtun.

Wir dürfen uns auch Zeit lassen, unsere Verluste zu betrauern, denn erst nach der Trauer können wir sie auch wirklich hinter uns lassen, ohne sie zu vergessen.

Und wenn wir nicht gleich mit voller Kraft wieder loslaufen können, dürfen wir sicher sein, dass jeder Schritt – und sei er noch so klein – uns weiterbringt. Selbst wenn wir den zweiten Schritt erst Jahre später machen, ist er uns doch nur durch den ersten ermöglicht worden.

Sich bewusst Zeit dafür zu nehmen ist eine der Schlüssel-Strategien für ein besseres Leben und eine wunderbare Salbe für die Seelenheilung.

6. Weisheit des anderen

Was für die Entstehung von Resilienz gilt, trifft natürlich auch auf die Heilung zu, denn diese ist ja die Wiederherstellung der Resilienz. So wie Verletzungen durch die Beteiligung von Menschen entstehen, muss auch Heilung die Beteiligung von Menschen beinhalten.

Um vom Opfer zum Akteur zu werden, braucht es also die Weisheit des anderen.

Wir brauchen andere Gedanken als unsere eigenen, wenn wir unsere Verletzungen heilen wollen. Wir brauchen andere Zugänge und Sichtweisen, andere Überzeugungen und einen anderen Glauben.

Das ist die *kognitive*, die gedankenorientierte Seite der Weisheit des anderen.

Auf der *emotionalen*, auf der Gefühlsseite der Weisheit des anderen finden sich Intuition, Gelassenheit, Wärme und Zuneigung. Dieser Weisheit, auch der Herzensweisheit, des anderen muss ich mich bedienen, um zu genesen.

Suchen Sie sich ganz bewusst jemanden, mit dem Sie ein Stück des Weges zusammen gehen können. Erzählen Sie von sich und lernen Sie zuzuhören.

Die Weisheit des anderen ist die sechste Strategie für ein neues, ein besseres Leben und eine gute Salbe für die Seelenheilung.

6. Beharrlichkeit

Manchmal wiegen wir uns in der Illusion, geheilt zu sein, und dann folgt der Rückschlag.

Manchmal bleibt unsere Seele nachhaltig von Narben gezeichnet.

Und manchmal bleibt ein Hinken zurück, das wir nicht mehr abstellen können.

Es ist leider nicht so, als müsste man nur „den einen Satz" hören, „die eine Erkenntnis" erlangen, „den einen Menschen" treffen, damit plötzlich und sofort und für immer alles gut ist. Viele hoffen das; sie kommen zu mir in der Erwartung, einen „magischen" Satz zu hören, der ihnen ihren Schmerz oder ihr Unwohlsein nimmt und ihnen Sinn gibt. So als könne man ein Pille verschreiben, die das Leiden vertreibt.

Leider funktioniert das nicht und diese Erkenntnis kann erst einmal enttäuschend sein. Viele laufen dann Gefahr, es sein zu lassen. Die Behandlung abzubrechen, bevor sie überhaupt begonnen hat. Den Berg gar nicht erst in Angriff zu nehmen, den sie soeben erst entdeckt haben, denn bislang dachten sie, es gäbe eine Unterführung.

Nein, die Betroffenen brauchen Beharrlichkeit und

den festen Willen zur Heilung, um sich in den Prozess hineinzubegeben, um sich die Verletzung anzuschauen, die sie mit sich herumtragen, um über das zu sprechen, was sie beschämt, und um auch das unter die Lupe zu nehmen, was sie lieber verdrängen würden (und wahrscheinlich auch lange verdrängt haben).

Diese Beharrlichkeit erfordert natürlich auch wieder einen „Grundmut", den der Begleitende manchmal erst wieder von null an aufpäppeln helfen muss. Aber die Entwicklung von Beharrlichkeit und Hartnäckigkeit ist unerlässlich, denn erst sie bringt mich dazu, Konsequenzen zu ziehen – auch in der Zeit nach der Heilung.

Menschen, die einen Heilungsprozess der Seele hinter sich haben, wissen, was Stärke ist. Wahrscheinlich besser als viele andere. Das Geschenk überstandenen Leids verleiht das eindeutige Gefühl der Sicherheit, das Leben bewältigen zu können.

In diesem Sinne kann nach beharrlich verarbeitetem Leid Dankbarkeit entstehen – Dankbarkeit dafür, dass wir mit schier unerschöpflichen Reserven ausgestattet sind, die es uns ermöglichen, selbst die schlimmsten Stürme zu überstehen.

Es mag paradox klingen, ist aber zutiefst wahr: Wiedergefundene Stärke nach Leid bringt einen Lebensmut hervor, der kaum noch erschüttert werden kann.

Wir werden für das Aufbringen von Beharrlichkeit also reich belohnt – mit Selbstvertrauen. Und das brauchen wir, um glücklich zu sein.

Beharrlichkeit also ist die siebte, die letzte Strategie und eine Salbe, die im Medizinschränkchen der Seelenverarztung nicht fehlen darf.

Willen, Umdenken, Vertrauen, Glauben, Zeit, Weisheit und Beharrlichkeit.

Sieben Strategien für ein besseres Leben. Sieben Salben der Heilung , die uns das Leben nicht nur wieder wagen, sondern es auch meistern lassen. Sieben Strategien, die der Boden sind für das, was wir brauchen, um in einer Kultur der Angst einen mächtigen Gegenpol zu bilden. Sie ermöglichen uns, wirklich mutig zu sein. Eine *Revolution des Mutes* auszulösen.

Ich möchte Sie einladen, diesen Mut zu pflegen und in die Welt zu tragen.

Nach *burn* kommt eben nicht automatisch *out*. Höchstens vorübergehend.

Am Ende ein Anfang

Ich bin mir sicher: Wir müssen den Sinn unseres Lebens kennen, um mutig zu sein. Oder besser: um uns mutig zu *fühlen*. Wir müssen wissen, *warum* es uns geben *muss*. Was dieses Etwas ist, das nur uns ausmacht.

Und wir brauchen *Menschen* – mindestens einen, besser noch eine ganze Horde –, die uns eine positive Sicht auf die Welt und auf uns selbst lehren. Wir sind nämlich zutiefst *relationale* Wesen, und ohne andere finden wir keine Antwort auf dieses Warum. Niemand ist eine Insel.

Wir brauchen etwas *Größeres*, dem wir uns anvertrauen können. Nennen Sie es Spiritualität, nennen Sie es Gott. Spiritualität, Sinn und Liebe sind unerlässliche Voraussetzungen für die Entwicklung und Aufrechterhaltung von Mut. Und den brauchen wir mehr denn je.

Deshalb: Burn!

Über den Autor

 Holger Schlageter ist promovierter Theologe, Psychologe und Bestsellerautor. Für Firmen wie Telekom, Lufthansa und Henkel führt er neben Führungskräftediagnostik und -coaching regelmäßige Trainings zur Burn-out-Prophylaxe durch. Er ist Autor zahlreicher psychologischer Sachbücher („Liebe lernen. Ein Beziehungskurs", „Das Geheimnis gelassener Erziehung", „Die liebe Familie" u. v. m.) und seit 2003 als psychologischer Experte für die ARD regelmäßiger Gast in Radio und TV.

Fragebogen

	Gar nicht	Selten	Manchmal	Oft	Sehr oft
1 Ich fühle mich einfach fertig und habe weder körperliche noch emotionale Energie.	☐	☐	☐	☐	☐
2 Ich denke negativ und habe keine Hoffnung mehr, dass meine Situation besser werden könnte.	☐	☐	☐	☐	☐
3 Ich bin aggressiver als normal und habe weniger Verständnis für andere, als ich das von mir kenne.	☐	☐	☐	☐	☐
4 Kleinigkeiten regen mich enorm auf.	☐	☐	☐	☐	☐
5 Auf der Arbeit oder zu Hause schätzt man mich nicht wert.	☐	☐	☐	☐	☐
6 Ich habe niemandem, mit dem ich reden kann.	☐	☐	☐	☐	☐
7 Mir gelingt weniger, als ich es mir wünsche.	☐	☐	☐	☐	☐

8 Der Erfolgsdruck,
unter dem ich stehe,
ist mir unangenehm.

9 Ich habe zu wenig
von meinem Job oder
Privatleben.

10 Ich bin im falschen
Beruf, Position oder
Unternehmen.
Oder ich bin in der
falschen Beziehung.

11 Ich bin frustriert.

12 Machtspiele hindern
mich daran, meine
Arbeit gut zu machen
oder meine Beziehung
positiv zu gestalten.

13 Ich habe das Gefühl,
ich könnte den ganzen
Tag arbeiten und
es wäre immer noch
etwas zu tun.

14 Für wirklich qualitativ
hochwertige Arbeit
habe ich keine Zeit.

15 Ich würde gerne mehr
planen, bevor ich es tue,
aber ich habe keine Zeit
dafür.

Gar nicht	**1 Punkt**
Selten	**2 Punkte**
Manchmal	**3 Punkte**
Oft	**4 Punkte**
Sehr oft	**5 Punkte**

Auswertung

15–18 P.	Sie können sich entspannen: kaum Anzeichen eines Burn-outs.
19–32 P.	Kaum Anzeichen eines Burn-outs, es sei denn, Einzelaspekte sind sehr stark ausgeprägt (5 Punkte).
33–49 P.	Aufpassen – es besteht Burn-out-Gefahr, besonders wenn Sie bei dieser Punktezahl mehr als vier Mal 5 Punkte angekreuzt haben.
50–59 P.	Es besteht ernste Burn-out-Gefahr. Ändern Sie etwas.
60–75 P.	Höchste Burn-out-Gefahr! Ändern Sie dringend Ihr Leben.

Verlagsgruppe Random House FSC-DEU-0-100
Das für dieses Buch verwendete FSC®-zertifizierte Papier
Munken Premium Cream lieferte Arctic Paper Munkedals AB,
Schweden

© 2011 der deutschen Ausgabe by adeo Verlag
in der Gerth Medien GmbH, Asslar,
Verlagsgruppe Random House GmbH, München

Siegfried-Legende aus:
Gerhard Aick, Deutsche Heldensagen
© 2009 bei Verlag Carl Ueberreuter, Wien

1. Auflage September 2011
Bestell-Nr. 814 246
ISBN 978-3-942208-46-8

Umschlaggestaltung: Gute Botschafter GmbH, Haltern am See
Satz: Marcellini Media GmbH, Wetzlar
Druck und Verarbeitung: GGP Media GmbH, Pößneck
Printed in Germany